以"道德自我"概念为核心的杜威道德哲学研究

A Study of Dewey's Moral Philosophy with the core of the Concept of "Moral Self"

张奇峰 著

上海三联书店

谨以此书纪念我的导师汪堂家教授！

中文摘要

　　在实用主义和杜威哲学研究中,对道德哲学的探究是近些年学术界比较关注的领域之一。本书则试图以"道德自我"这一概念为核心,对杜威的道德哲学进行一番新的解读和重构。在这种重构中,我们所关涉到的不仅仅是杜威哲学的核心概念和问题,而且也是对其哲学所体现出来的基本经验的重新理解。在这种理解的基础之上,"道德自我"不再被看作是纯粹认知和心理的主体,它体现的是一种"自我"与其所处环境(包括自然和社会)之间的相互作用以及"自我"如何有效地应对其环境的努力。按照杜威的观点,"道德自我"决不只是一个"认识"的事件或行动的主体,其内涵要远比人的认知和行动范围宽广得多。事实上,它包括了我们全部的"生活"与"历史"。在杜威的哲学中,"自我"首先意味着生命的活动,而生命活动开展的首要条件则是其与环境的有机整合。正是"自我"与环境之间这种彼此维系、相互依赖的关系构成了杜威整个道德哲学的出发点,也是他用以消解传统哲学"自我"与"自然"之间紧张和对立的源初起点。但是,在杜威漫长的学术生涯中,特别是在其多达 37 卷的全集中,关于"道德自我"的理解和表述并非始终如一,尤其是在二十世纪二十年代以后,我们可以观察到其思想与前期相比具有某种转折性的变化。因此,本书对杜威"道德自我"概念的重构实际上包括了两个方面:一是以其文本为依据,对"道德自我"的产生、特征及其发展进行重构;另一方面则是以其义理为依据,从德性论的视角对"道德自我"及其相关德性进行重构。

具体来看,这本以杜威"道德自我"概念为研究对象的小书,分为以下几个部分:

导论部分介绍了选题缘由、国内外相关研究现状以及论文的基本思路、方法与创新之处。

第一章阐明了"道德自我"概念在杜威哲学中的发展过程,侧重分析了在不同阶段其思想的不同来源。这一章主要的任务是展现杜威思想的丰富性和复杂性,并进而主张我们传统上所认为的杜威思想从绝对主义过渡到实验主义——即如何从深受黑格尔哲学方法的影响到接受达尔文演化理论以及对詹姆斯的生物学的心理学主张的认同——这一发展变化不能解释杜威哲学的全部面相。

第二章的主要目的是依据文本对杜威的"道德自我"概念进行重构,即"道德自我"在杜威哲学中是如何构架起来的。在此章中,我们分析了杜威如何从社会的自我存在与问题情境相遇之时,道德行为和性格是如何出现和形成的,以及道德自我的发展及其条件等问题。在这一章中,我们具体讨论了"道德自我"和道德情境之间的关系,"道德自我"所具有的特征,以及"道德自我"发展所需要的三个条件。大体而言,杜威反对一种孤立、静止和闭合的"道德自我",主张从过程和关系中来理解"道德自我",认为"道德自我"是在恰当地解决每一个道德情境中的难题时被逐渐建构起来的。但杜威并不因此就认为"道德自我"只是社会或者文化的产物,他真正关注的是自我是如何在社会和道德意义上被铸造出来的。因此,杜威既强调自我是理智的活动者,同时也强调习惯和性格的重要性;既强调道德自我与具体情境中的交互作用,也强调道德自我的更新和创造性。

第三章则是从"德性论"的视角对杜威的"道德自我"概念进行

重构。强调了杜威道德哲学中"德性论"的一面。这与传统上对杜威哲学的理解大相径庭。在这一章中,我们通过对杜威的"善"以及"德性"概念的分析,指出其对德性理解的独特之处。在我们看来,杜威的德性概念可以被看作是在教条主义和道德怀疑论之间的中道,接着我们运用这种方法分析了三种具体的德性:开放的心态、批判的反思以及自治。在其后,我们又依据根植于社会中的自我这一观念分析了杜威对公——私之域的划分,以及他对现代自由主义的批判和重建。着重指出对杜威哲学的这样一种分析,可以在基于权利之上的政治自由主义和基于德性之上的共同体主义之外,为我们提供另一种选择的可能性。

结束语则指出了杜威"道德自我"概念的理论成就与相关困难。

关键词:杜威,道德哲学,道德自我,道德重建,自我实现
分类号:B712.51

Abstract

The Study on moral philosophy of pragmatism and John Dewey has invoked more and more attention in recent academic discussion. This dissertation focuses on Moral Self as a key concept on study of John Dewey's moral philosophy, which will be reinterpreted and reconstructed. In this process, what we concern are not only those concepts and questions, but also relating to the basic experience it reflects. Through this interpretation moral-self is not primarily regarded as a knowledge-affair and a pure mental affair, it represents interactions between the self and environments which he lives in, including natural and social conditions, and how the self tries to cope with his environments. Moral self, according to Dewey's position, is not only a cognitive affair, and its connotation is far wider than cognition and it includes our whole life and history. In Dewey's thought, Moral self means life activity, and the premier condition of the life activity is integration of life with its environment. The interdependent relations between self and his environment become start point of Dewey's philosophy; it's also his original intention to dispel the sharper separation between self and nature. But as we all know, Dewey's expression and interpretation on this subject are not organic and coincidence due to his far long academic career, especially in the first decade of last century, his thought turns out some critical changes. So, this reconstruction of his concept of moral self contains two different aspects, one is about how the moral self occurs and what's its generic traits and development in light of a textual analysis; on the other hand, this reconstruction based on a perspective of virtue ethics which will exam the characteristics of moral self and its primary virtues in light of a significant analysis.

This dissertation is a study on Dewey's concept of moral self. It comprises the following parts.

The introduction discusses the reason why I select Dewey's conception of moral self as my subject, and introduces the condition of the study on this subject and my new method and thought.

The first chapter discusses the development of the concept of moral self in Dewey's whole philosophy background. We illustrate different thought resources of his understanding in different stages. The task of this chapter is to show how abundance and complexity Dewey's thought is. So, the traditional view is not sufficient and proper for his integrated idea, which interprets Dewey's thoughts as the transition from absolutism to experimentalism, then the process of accepting Hegel's philosophic method and then Darwin's theory of evolution and James's biological theory.

The second and third chapters are the two ways of reconstruction of moral self.

The second chapter discusses how the moral self is constructed in Dewey's moral philosophy. In this chapter, we find that the essence of self is his social property, and we interpret how the moral self occurs when the self encounters concrete problem in a certain environment. Dewey shows that how one action becomes a moral conduct through reflection and deliberation and how important the habits and characters are. In sum, Dewey rejects a static isolated and closure concept of moral self. He insists that moral self is constructed through resolving every concrete problem properly in particular moral situation. But it doesn't mean that Dewey considered moral self as a pure product of our society and culture. In deed, what he really focuses on is how the moral self is made in the sense of society and morality. After all, Dewey emphases both moral self as an active intelligence and the importance of habits and characters as well, emphases both the interaction between moral self and environment which he actual lives in, and the renewal and creation of moral self as well.

The third chapter discusses the reconstruction of moral self from a perspective of virtue ethics. This chapter emphases the virtue aspect of Dewey's moral philosophy which is neglected traditionally. It shows how different and distinct Dewey's virtue concept is through the analysis of his concepts of good and virtue. In Dewey's opinion, virtue is regarded as a mean between dogmatism and moral skepticism, and then we exam three unique virtues which are important for Dewey by this method. We consider at last how this virtue perspective results a new alternative for us besides right-based political liberalism and virtue-based communitarianism, and why we prefer to the communitarian liberalism Dewey provided.

In the end of this dissertation I expound the theoretical contribution and the dilemma of Dewey's concept of moral self.

Key words: John Dewey, Moral Self, Moral Philosophy, Moral Reconstruction, Self Realization

CLC: B712. 51

目　录

导论：道德自我以及哲学的任务[①]

　　杜威的名字对大部分中国读者来说并不陌生，提到杜威的哲学思想，大部分人都可以举出杜威对传统形而上学和二元论倾向的批判，他的经验主义的自然主义，他的实用主义的工具论，进步主义教育理念以及他为自由民主社会的呐喊和辩护，但似乎大部分时候我们也只是停留在这种一般性地表述之中，对其思想缺少更细致和深入地分析。之所以会造成这种情况的原因，一方面是我们对杜威的整个哲学缺少深入而系统地研究，另一方面却也是由杜威自己独特的思想方式和写作特点造成的。因为在杜威看来，哲学最重要的一项功能乃是进行"社会批判"，这种批判不仅是指对传统观念的批判，同时也是对现时代整个精神状况、文化状况和社会政治状况的批判；与此同时，它还是对这种批判所进行的反思性批判，因此，正是在这个意义上，有些学者（例如黑克曼）将杜威的哲学称为"批判的批

[①] 之所以将 moral self 翻译成"道德自我"而没有将其译为更普遍的"道德主体"是出于两个考虑，A. 杜威本人对主体-客体这种二元论立场的坚决反对；B. 杜威关心的是作为社会性的自我如何在问题情境中遭遇道德问题，这种行为者在逻辑上和实践中都不能与其情境相分离。在这一章的讨论中，我们事实还隐含着这样一个问题：即我们是否应当将杜威看作仅仅是一个代表美国精神的哲学家，还是一个在美国的真正的哲学家。

判"。① 正是由于这个原因,我们在杜威哲学著作中看到的更多的是一种否定性的表述(即,他很少在行文中直接表示他自己赞同一种什么样的道德理论,也很少将他自己的道德理论运用到某个特定的道德情境中去)。这样的结果,就造成了虽然他的目的是建构性的,但这种过多的否定性却使他的建构性的表述在大多数时候都变成一种一般性的陈述(general statement)。杜威反对抽象和武断性的表达,反对独断论和目的论,这使得他自己在对很多概念和术语的界定上看起来变成了形式化和普遍化,因为他害怕落入他自己所批判的窠臼之中。出于这种对"批判的批判"的哲学立场的坚持,在其漫长的学术生涯中,他的思想数次发生变化,也造成了他大多数的观念都很难找到一个标准而肯定的表达。因此,如何对杜威哲学中这些普遍且有时候又相互矛盾的表达达到一种"同情的了解",构成了理解其全部思想的目的和意义的关键所在。而本书写作的目标,就试图要从杜威著作中这些晦暗不清和矛盾的表述中,重新建构其对道德哲学的理解。具体来说,在导论部分我将会讨论如下问题:1. 杜威哲学在二十世纪复兴的原因;2. 本书选题的问题意识,即对杜威的"道德自我"概念的研究如何能对其整个道德哲学研究起到一种促进作用;3. 杜威道德哲学中的基本经验和其为哲学规定的任务;4. 研究难点及相关研究综述;5. 本书的创新之处。

1. 杜威哲学的复兴及其原因分析

正如许多哲学家或者哲学研究者所指出的那样,二十世纪后半期(确切地说是 80 年代以来的这三十年),最引人注目的哲学事件就是在美国乃至全球范围内,实用主义哲学,特别是杜威哲学的

----

① 对杜威来说,这种批判意味着"原初经验"与"反思经验"两者得以相互转化与重合的过程,它表达了在这两种经验相互作用的历程中所体现出来的创造的可能性。

强势复苏，迅速成为哲学研究的"显学"之一。① 不仅出现了像新实用主义这样有影响的哲学流派，更有许多哲学家宣称从杜威哲学中获益匪浅，而且关于杜威哲学研究也不再局限在实用主义哲学的框架内，而出现了诸多不同取向和潮流。通过这些对杜威哲学不同视角的解释，我们看到的是一个多面孔的杜威：作为后现代主义哲学家的杜威，作为教育家的杜威，作为技术哲学家的杜威，作为现象学家的杜威，作为政治哲学家的杜威，作为社会以及人性解放者的杜威，作为心理学以及语言分析学家的杜威等等，不足一而论。

　　在这种情形之下，我们不禁要问，究竟是什么力量推动了杜威哲学的复苏及其研究的大规模展开呢？除了杜威哲学自身的魅力之外，②还有一些其他值得一提的原因：A. 罗蒂（Richard Rorty）对杜威哲学反本质（基础）主义/后现代主义的解释，由于罗蒂广泛地参与到当代热点问题的讨论之中，并且提出一系列颇带原创性的洞见，这刺激了许多哲学家对杜威思想的兴趣。特别是罗蒂将杜威看作是其思想的先驱和导师，把杜威和海德格尔（Martin Heidegger）、维特根斯坦（Ludwig Wittgenstein）当作他的三个哲

─────────────

① 关于杜威哲学复苏这一现象最明显的例证可以从 Barbara Levine，*Works about John Dewey*，（1866－2006），*Southern Illinois University Press*，Carbondale，2006. 一书的增补过程得到明证，这本书最初的一版收录的是从 1866—1995 年关于杜威的研究著作和论文条目总计有 5000 余条，但在第二版增补的条目就超过了 3700 条，其中除了少部分之前遗漏的条目，绝大部分都是 1995 年以后发表的著作和论文，关于杜威著作的研究之热可见一斑。

② 从学理上对杜威哲学在时代之交得到复苏的原因进行分析是一个更大的论题。其中值得注意的一件事情是，杜威哲学对现实影响力最大的"进步主义"（progressivism）教育理论在教育学上的式微为杜威哲学其他方面的发掘提供了契机，其中牵扯到的不仅仅是现代哲学诸多流派的交锋和反思，也有现代社会随着环境的改变而面对种种问题所激发的再思考。本书后面会涉及这其中的某些问题，但详细论述这个问题并非本书的宗旨所在，因此此处略过。这个问题也可以参见王成兵教授的文章：《杜威哲学的复兴及其主要原因探讨》中的相关部分。

学英雄,认为他们是"本世纪最重要的三个哲学家"。^① 他认为自己的反二元论、反基础主义等后现代思想不过是用不同的语言重述杜威早已提出的思想而已。这使得杜威哲学重新回到现代哲学家的研究视野中,并在某种程度上恢复了活力。B.《杜威文集》(*The Collected Works of John Dewey*,1882-1953)的出版为所有对杜威哲学有兴趣的人提供了一份完备而且方便的研究资料集。在 Jo Boydston 的主持下,由南伊利诺伊大学杜威研究中心(Center for Dewey Studies at Southern Illinois University, Carbondale)编辑,南伊利诺伊大学出版社出版了 37 卷本的《杜威文集》。这个文集将杜威生前发表的著作全部包括在内,是目前为止最权威的杜威著作集。^② 并且同样是由这个中心编辑的杜威通信集也已经出版了三卷:《杜威通信集》(*The Correspondence of John Dewey Vol.1-Vol.3*),(第四卷正在编辑中),以及《杜威课堂笔记和演讲集第一卷》(*Class Lecture Notes:Volume I*,1892-1903)(已编辑完毕,即将出版)。这些出版物的出现无疑为人们重新深入研究和挖掘杜威丰富的思想内涵提供了可靠和齐全的保障。C. 美

---

① *Richard Rorty*,*Philosophy and the Mirror of Nature*(Princeton:Princeton University Press,1978),p5. 罗蒂对杜威哲学复苏的推进作用是其他哲学家所无法比拟的,是罗蒂在 1979 年接任美国哲学协会东部分会主席的发言之中首先提出了杜威形而上学的重要意义。尽管在罗蒂那里,杜威具有双重的角色,即"好的杜威"和"坏的杜威"(所谓好的杜威,是指他对传统进行了批判,作为传统哲学的叛逆者,杜威反对确定性,反对基础主义,反对二元论;而坏的杜威则是指在调和的、武断的形而上学观念面前,杜威并没有做出激烈的反抗),也引来了许多哲学家的不满(本书后面会有所论述),但罗蒂在杜威哲学复兴中的首功是不容抹杀的。

② 这个著作集被著名的杜威学者维斯特布鲁克(Robert Westbrook)赞誉为:"全美国作家全集中最好的版本"。Robert Westbrook:*John Dewey and American Democracy*,Cornell University Press,1991。这个著作集按编纂体例分为早期著作集(early works,/通行缩写为:ew. 下同)、中期著作集(middle works,/mw.)和晚期著作集(late works,/lw.)三编,本书对杜威所有著作的引用都来自这个全集,引用也按照通常惯例只列出卷数和页码,例如,ew.1:1 即是指杜威早期著作第一卷第一页,下同,恕不赘述。

国哲学促进会(Society for the Advancement of American Philosophy/
S. A. A. P)、杜威基金会(John Dewey Foundation)和杜威研究中心的
推动作用。杜威研究在二十世纪末的迅速走红，这三个机构在其中
都发挥了重大的作用。1973年美国哲学促进会的成立宗旨就是以
推广和促进美国古典哲学研究为己任，而杜威作为美国"最重要"和
"最能代表美国精神"的哲学家，自然名列其中，这个促进会通过举
行国际会议、学术交流等多种途径鼓励学者对杜威哲学的研究。而杜
威基金会则为整理杜威著作、通信、手稿和笔记等资料提供资金资助
和便利，同时也为研究杜威思想的学者提供一定的奖学金来促进杜威
思想的研究。而在这三个机构中，杜威研究中心在将杜威哲学推广到
全世界更是发挥了无可估量的作用。这个设在南伊利诺伊大学的杜
威研究中心帮助世界其他国家和地区对杜威哲学有兴趣的研究者成
立类似的专门研究机构，现已在意大利、德国、匈牙利、波兰、中国、日
本等地出现了七个专门的"杜威研究中心"，这些研究中心的成立使得
杜威研究具有了更广泛的国际基础和影响力。

2. 选题的问题意识

依据弗兰克(Charles Frankel)的记载，当杜威八十高龄之际，在
一次参加"美国哲学学会"(American Philosophical Association)的会
议上卷入了一场争论。当时他在哥伦比亚大学的同事蒙塔古
(William Pepperell Montague)称赞杜威终其一生的努力都是在"践行
理智"(practicalize intelligence)，而杜威在答复的时候则并不认同蒙塔
古的这种赞扬，他坚定地认为蒙塔古对他的这种称赞是一种由于同处
一个哲学家联盟而自然产生的狭隘观点，杜威认为他自己的全部努力
并不是要"践行理智"，而是"将实践理智化"(intellectualize practice)。①

---

① charles Frankel, *John Dewey's Social Philosophy*, in *New Studies in the Philosophy of John Dewey*, edited by Steven M. Cahn, 3 - 44. Hanover, N. H.: University Press of New England, 1977. p5. 同样的记载也可以参见 LW. 14：iii。

从杜威自己对 practicalize intelligence 和 intellectualize practice 这两种观点的区分中，我们至少可以得到以下三点信息：A. 杜威清楚地认识到自己的哲学和传统哲学乃至和他同时代人的哲学观（至少是他眼中的）存在着根本的差异，这个差异就在于他的哲学不再是以理智（intelligence）或理论为旨归，即，不再是通过认识——知识（理论）——实践这种单向思维来考察理论——实践关系（即便这种理智是实践的）；因而，B. 哲学的任务不再是解决哲学理论上的技术性问题，而是解决人在社会实践中所遭遇的种种问题，而理智不过是在解决具体问题时所采用的一种手段和工具，所谓"实践理智化"不过是在实践中如何选择最便捷、最能有效达到解决具体问题的工具；如果这个推论可以成立，并且杜威是真诚地、有意识地做出这个区分的话，那么 C. 我们就有理由相信，对杜威而言，哲学从根本上来讲应该是一种社会哲学。既然杜威将整个的哲学研究都看作是一种社会哲学，那么首要牵涉到的问题就是如何理解"社会"及其"哲学"。从杜威的观点来看，社会不是像以前的理论家所说的那样，是和个人相对立的某种东西。具体来说，杜威对社会的定义有以下两方面的内容：A. 社会无论是从历史起源还是在日常语言的使用中都是有争议的，它在狭义上指和个体相对立的一种存在形式；B. 在广义上看，社会既是作为一个存在的范畴，也是一个解释性的范畴，它包括了在世界中存在的各个层面，杜威有时也将其当作是界定思想、科学方法、知识和价值的背景。因此所谓的"社会哲学"在杜威看来也是包括了这两方面的研究，即，对和个人相对照存在的组织、团体诸形式的研究，这几乎是一种无所不包的全面研究。因此，对杜威来说，人是社会的动物，这句话绝不意味着人是变成社会性的动物，而是说社会性是构成人之所以为人的东西。而社会哲学所要研究的，从最根本上说就是这种社会性及其种种表现形式（例如经济、政治等社会问题）。

　　将杜威的整个哲学看作一种社会哲学无疑与传统对杜威哲学的解释相悖，特别是在杜威漫长的学术生涯中，他自己对自己哲学的态度和什么是社会哲学的理解也不断地发生变化。[①] 更为困难的是如果我们将杜威的全部哲学看作是社会哲学的话，就意味着我们在进行重构杜威的整个哲学这样一项工程，但考虑到杜威著作之丰富，处理问题之庞杂，写作风格和术语之含混，[②]因此，要了解他的整个思想，特别是将其思想主旨置于社会哲学这个统一的主题之下，这绝非短时间内可以毕其功于一役的事情，特别是为了避免笼统和肤浅，在具体研究时更需要细致和耐心就其思想的各个部分分别进行深入地研究。正是出于这个目的，本书特别选取杜威社会哲学中的一个关键概念：自我（"道德自我"）进行研究。

　　之所以要选取杜威哲学中的"道德自我"概念，特别是作为道德哲学核心的"道德自我"作为研究的入手点，乃是出于以下三方面的考虑：A. 在杜威的整个哲学中，社会化的自我（socialized self）都占据着一个中心的位置，而当这个社会化的自我在道德情境中时，就变成了本书的研究对象——道德自我，因而，以社会哲

---

① 在 1930 年带有自传性质的文章《从绝对主义到实验主义》（*From Absolutism to Experimentalism*）一文中，杜威坦言自己羡慕那些能终其一生都坚持某种立场和思想的哲学家，而他的学术兴趣和思想方法都不断发生着变化。在这里可以简短指出的是，杜威在早期乃至在芝加哥时期，都依然是将社会哲学作为哲学的一个分支部分，即便当时他已经认为哲学的主要目的是为了改变社会，但在杜威到哥伦比亚大学任教之后，他连续几个学期开设社会哲学以及和社会哲学相关的课程，特别是受到哥伦比亚大学哲学学术圈的影响之后，他的思想发生了一定的转变（尽管这种转变到现在还有争议）。

② 关于杜威著作之丰富，从已经出版和即将出版的著作中可见一斑；而其中处理问题之庞杂：从形而上学、认识论、以至伦理学、政治学、教育学、社会学和宗教哲学，几乎无所不包；而至于其文风和对术语的使用，也为不少学人所抱怨，例如霍夫福斯塔德（Hofstadter）就曾说："他［杜威］的文风好似是要炮轰远处的敌人：人们只能从遥远的地方和难以捉摸之处感觉到他想说些什么，但却无法真正确定那是什么。"参见：*Anti-Intellectualism in American life*（New York, Alfred Aknopf, 1964, p361）。

学为背景来研究道德自我概念在杜威哲学中具有天然的合理性。并且在杜威全部的哲学著作中,伦理学和道德哲学①无论在篇幅上还是在重要性上都占据一个突出地位;B. 在笔者对杜威著作的阅读过程中,发现杜威的思想历程尽管数变,但道德问题始终是其关注的重中之重,其对道德问题的理解和对道德分歧的解决方法都体现出与传统道德哲学的不同之处,烙有其富有变革性和创造力的思维方式的印记。因而,对杜威道德哲学的研究,可以成为理解杜威全部哲学的出发点和关键所在。C. 特别是在考虑到现代道德哲学理论和实践的争论时,杜威的道德哲学的独特性可能会产生一种新的对话的可能性。

对杜威来说,道德自我概念既在道德哲学史中占据着一个重要的位置,也在他自己的哲学思想的发展一直处于中心地位。在1932 年出版的《伦理学》(修订版)一书中,杜威在《道德自我》这一章开篇就写道:"在道德中自我概念的重要地位以及围绕着它所产生的各种道德理论的争论都使我们对这个概念进行研究变得可取。"②杜威关于"道德自我"的所有讨论,几乎都是和他关于现代社会和传统道德理论变化的讨论纠缠在一起,是与他关于"科学方

---

① 在通常的哲学术语中,伦理/道德的区分大体沿袭黑格尔以来的客观/主观的差别,据黑格尔哲学史的讲法,"道德"是与"主观性原则"或"主观自由"联系在一起的,而"伦理"与"习俗"大致相当。与"道德"主观性相对,"伦理"是一种客观精神。而哈贝马斯则用伦理指某个具体共同体的用非强力方式规定人与人之间关系的规范,而道德指适用于所有具有交往理性的人。但如果从词源演变上(Ethics 来自希腊语的 ēthos, Moral 来源于拉丁语 moralis,都有与习俗相关的意思。在西塞罗翻译古希腊经典的时候 ēthos 翻译为拉丁语的 moralis),以及在杜威著作中的具体使用,虽然在早期著作中还可以比较清楚地看出这个差别,但在后期,特别是考虑到他在为《人性与行为》一书 1930 年的现代图书馆所写的序言中所说的"道德包括了所有明显具有人文意义的学科,并且就它们十分紧密地与人类生活以及与人类利益相关联而言,道德包括了所有的社会学科。"(mw. 14:228)则这个区分并非想象中的那么重要,因而,本书中对伦理学和道德哲学不进行区分。

② John Dewey, lw. 7:285.

法"的研究，对人性、行为、性格、习惯以及公共——私人等诸多问题密切相关。而且通过对杜威"道德自我"这一概念的深入研究，不仅能帮助我们更好地厘清杜威关于道德自我的看法，而且对理解杜威的道德哲学和社会哲学也不无裨益。所以，将道德自我作为研究杜威的社会哲学，在笔者看来是进入杜威道德哲学研究，乃至其全部哲学思想研究的一条合宜路径。

3. 杜威哲学所反映出的基本经验及其为自己规定的任务

虽然本书的目的是通过研究杜威的"道德自我"概念而展示出杜威道德哲学的独特性，但对任何一位哲学家思想的研究都不是为了单纯地了解他写了些什么，其中能为我们提供什么有用的资源。对哲学家(如果我们承认他是真正的哲学家)的理解，是为了探究其著作中所展现出来的基本经验是什么，并且这种经验是否对于我们自身的经验有拓展作用。这也是为何笔者认为 A. 为什么传统对杜威道德哲学"实用主义"的解释存在着局限性。在此，我们要预先解释一下我所说的"实用主义"是什么意思，毕竟，对不同的人来说，这个词有着不同的意味。此处的"实用主义"一词，我采用的是 H. S. Thayer 对"实用主义"的定义，他认为实用主义是"一种关于知识、经验和保持实在的理论……这种思想和知识是从生理学上和社会学上的进化适应模式而来，其目的是为了掌控经验和实在；……所有的知识都是一种对未来经验的评估，思维的功能是实验性地预测未来的经验和行动的结果，因而组织未来的观测和经验。思想是显示在对未来经验选择、预期和计划可能性的实现中的一种行为过程。"①B. 为什么以罗蒂为代表对杜威道德哲

---

① H. S. Thayer, *Meaning and Action：A Critical History of Pragmatism*, 2d ed. Indianapolis：Hackett，1981，p. 431。泰勒对实用主义的这个定义也是受到很多学者的赞同，认为其基本上反映了实用主义的基本倾向和态度，也可以参看：John Patrick Diggins：*the Promise of Pragmatism：Modernism and the Crisis of Knowledge and Authority*，Chicago：University of Chicago Press，1994.

学单纯的后现代主义的理解也是成问题的,即,为什么在我们看来,杜威哲学不能被简单地解释成后现代主义的相对主义(在此处,我指的相对主义包括了罗蒂所说的两种相对主义:强相对主义,即关于某一特定主题,每一种观点都具有同等重要性;以及弱相对主义,即关于某一特定主题,不存在绝对的客观性或真理,有的只是从不同角度出发的意见)和在道德上的自由主义式的个人主义。① 而通过对杜威"道德自我"概念的深入研究可以帮我们更好地回答这些问题:在杜威眼中,道德自我(道德行为者)是一个社会中的个体,是一个社会化的自我,因而对这种道德自我的理解不能脱离其所处的具体社会情境;而老自由主义所理解的原子式的个人或者是新自由主义的社会中的个人,在逻辑顺序上都是先个人后社会,所以对他们来说首要的道德问题是如何处理个人和社会的关系,但对杜威的"道德自我"学说而言,这两种理解都是他所批判的(后一种理解在 1908 年的《伦理学》一书中还有所表现,但在二十年代以后的著作中,这种倾向就基本消失了)。杜威所理解的"新个人主义"实质是一种处在具体情境中的个体,个体不能脱离情境来理解,因为杜威将道德在本质上看成是社会产物(social matter),只有通过社会才能把握自我(问题情境——解决问题),但个人又不是简单地适应情境,而是要创造性地依据以往的知识来形成新的情境,这种新的情境与之前的问题情境相比乃是一种更好的情境,这就是杜威所谓的"改善主义"(Betterism)。而在这个过程中,道德自我在发现问题——尝试解决问题——问题最终的解决——形成更好的情境的过程中,个人的道德感情以

---

① 这里我所说的杜威的"自由主义式的个人主义"是指如下几种受到广泛赞誉的对杜威个人主义的经典解释:1.理智的结论是我们生活中所有冲突问题的最终解决方案;2.个人自由的实现和扩展依赖于思想自由;3.由于理智在探究活动中的重要作用,因而在社会事物中科学方法的权威性。

及道德知识都得到了增长，这同时也意味着道德自我的更新（renewal），（从旧道德情境转到新道德情境），这种更新如果用尼采的话来说就是不断超越自己的"超人"，[①]但杜威的这种更新过的道德自我并不以单纯的自我超越为其目的，他不断进行自我更新的目的乃是在于要创造性地为以后的道德实践形成更好的、更有利的道德情境。因而，从这个意义上看，杜威理想中的道德自我更像是柏拉图笔下从洞穴中走出去，又再次返回来的"哲学王"的比喻，尽管柏拉图并没有明言这个转身的理由，但对杜威的道德自我而言，这根本不需要什么特别的理由：因为他来自这个旧的洞穴，离开了这个具体的情境，他就不能成其为自己，而他每一次努力跃升的背后，都是为了将这个情境提升为更好的情境，在这个过程中，他自身的实现和社会的改善是同步的，并不存在时间上的先后和因果关系。这是一种同时面向未来和返回传统的双向努力。

因此，在我们看来，杜威的哲学实际上是要处理现代人在其所经验到的世界中如何更好地生活，如何才能更有效地处理自我和其所处环境（自然和文化）的关系。而在进行这个工作的时候，我们并没有任何可以依仗的外来帮助，我们可以凭借的只有我们对自己过往经验的反思以及实验性地尝试。而本书力图要展现的就是杜威的这种尝试以及随之而来的体现在其道德哲学中的这种为人所忽视的脆弱平衡。

因而，在章节处理上，第一章主要是通过重新反思杜威哲学思想的来源来展示其道德哲学思想的发展轨迹，特别是伴随着其方法论的变化而带来的思想变化。在这个过程中，我们力图超越通行的对杜威思想所做的"黑格尔——达尔文——詹姆士"路向变化

[①] 从这个意义上说，杜威哲学和尼采哲学都强调自我的发展和自我的实现，但尼采更多地是将这种发展和实现看作是一个个人强力意志的努力过程，而对杜威来说，这种自我的发展和实现则是一个更大的社会计划的一部分。

的解释,力图展示出其思想的丰富性和复杂性。第二章则力图展现杜威道德哲学中"面向未来"的一面,特别处理的是道德自我是如何在道德情境中出现以及发展起来的;通过对性格、习惯、行动的分析,重构杜威的"道德自我"概念;这一章也构成了本书立论和写作成功与否的关键。第三章则试图展示其道德哲学中隐而未显的美德伦理学的方面,从一个与第二章不同的视角重新检讨杜威哲学中关于善和德性的问题,从另一个侧面重构杜威的"道德自我"观念。这一章构成了本书写作的重点,对其的处理主要是从义理方面进行,在这种义理的重构中,我们试图表现的那些杜威本人并未清晰说出,但从其思想中可以合理推理出的内容,即,即使杜威本人看到这种观点,也会表示理解和赞同。

4. 本书的研究现状及其研究难点

尽管关于杜威著作的研究文献以几何倍数的速度在增加,尽管"道德自我"概念在杜威道德哲学以及全部哲学中占据着重要的位置,但当我们纵览国内外学界对杜威思想的研究现状时,却惊讶地发现对其道德哲学著作的研究少得可怜,更遑论"道德自我"这一单个概念了。在《关于杜威的著作(1866 - 2006)》*Works about John Dewey*,(1866 - 2006)一书中,我们能检索到的和道德哲学相关的文献(包括著作和论文)不过百篇,而与"道德自我"概念明确相关的更是少得只有两篇(其中的一篇还是比较性质的),对"道德自我"这一概念进行专项研究的著作还没有。从国内的研究资料来看,关于杜威的研究仍然局限在他的教育学、认识论、政治哲学和技术哲学方面,对其道德哲学的研究还没有出过专著,单篇的论文除了我的导师汪堂家教授所写的《道德自我、道德情境与道德判断》之外,尚无特别的研究(对这些相关文献的分析我马上会进行分析)。因而,相关二手研究资料的缺乏就构成了本书在写作过程中遇到的第一个难题。

第二个难点在上文已经有所指出,即杜威除了在相关道德哲学著作中直接处理过"道德自我"问题之外，在其宏富的著作的其他地方，也屡屡对这个问题有过直接或间接的论述。因而，要想完成本书的任务：全面、系统地理解"道德自我"概念，就必须对杜威的著作有通盘的了解和理解。

代表性文献综述：

A. 著作类：

Gregory F. Pappas：*John Dewey's Ethics*：*Democracy as Experience*（*2008*）. 这本书可以说是所有杜威伦理学研究中最好的一本。作者全面而详细地研究了杜威的道德哲学，他将杜威的道德哲学置于杜威整个哲学的核心地位。他依照现行伦理学研究的分类，从原伦理学、描述性伦理学和规范伦理学三个不同方面重新解释和构建了杜威的道德哲学。在这本书的第 11 章中，他讨论了杜威的"理想的道德自我"。他通过对杜威所理解的道德生活的描述开始讨论了作为理想道德自我的德性、性格及其功能。他认为杜威对这种理想道德自我的描述是其规范伦理学的重要前提假定。

Abraham Elder：*Ethical Theory and Social Change*（*2001*）. 在这本书中，Elder 将杜威的伦理学理论放到其所处的时代背景中进行讨论。他特别着重分析了杜威两版《伦理学》之间的差异，并且他认为这种差异只能从社会──历史背景中得到合理的解释。他特别分析了杜威在二十世纪前三十年的社会活动，包括其对苏联、日本、中国、土耳其等地的访问，以及欧洲和美国的社会变化，试图为杜威伦理学观点的变化找出其社会──历史依据。在这本书中，Elder 特别强调了杜威到哥伦比亚大学后所受到 Boas 的人类学的影响，对我们理解杜威的思想提供了一种新的路径。

Jennifer Welchman：*Dewey's Ethical Thought*（*1995*）. 在这本书中，Welchman 主要讨论的是杜威早期伦理学思想的变化，即

杜威是如何从一个观念论者变成一个实用主义者的。这本书基本上是遵从杜威在《从绝对主义到实验主义》一文中对自己思想变化的梳理,认为进化论和心理学的影响是杜威伦理学思想转变的根源所在。解释了为什么在杜威看来他的工具主义能够更好地调和科学和伦理学,并且以此为基础的伦理学理论和一种以自由民主为其指向的社会哲学相一致。

J. J. Chambliss：*The Influence of Plato and Aristotle on Dewey's Philosophy*. 这是一本在杜威哲学思想研究中没有受到足够重视的书。在本书中,Chambliss 以杜威哲学中"行动和理论的统一"这一思想为主线令人信服地证明了杜威思想中的古典哲学因素,特别是柏拉图对道德标准的研究以及亚里士多德对行为和经验的研究是如何深刻地影响了杜威的哲学思想(值得一提的是 Chambliss 本人是哥伦比亚大学的学生,他的学术脉络就是Woodbridge-Randall 这一支,而 Woodbridge 被认为是美国新实在论和亚里士多德主义的主要代表之一)。

Eames S. Morris：*Experience and Value：Essays on John Dewey and Pragmatic Naturalism*. (2002)在 Morris 的这个论文集中,他讨论的并非伦理学问题,而是实用主义及其价值哲学。本书中的多篇论文都是从杜威的自然主义入手讨论其价值哲学,其中最好的(指对本书有帮助的)一篇文章是关于杜威价值哲学中评价理论的认知和非认知的关系问题,以及如何运用这种评价理论来处理我们在道德生活中所遇到的道德选择和道德两难问题。

Steven Fesmire：*John Dewey and Moral Imagination：Pragmatism in Ethics*(2003). Fesmire 在这本书中以想象力为中心概念来理解杜威的道德哲学,认为只有从想象力概念出发,才能理解杜威道德哲学为何可以从种种道德原则和规则中抽身出来,为何可以避免功利主义、义务论、德性论和自由主义的福利伦理学的争论中抽身出来,从而使道德哲学的重心从基本原则向想象力转移，重现道德生活完整和丰富的画面。

Daniel M. Savage：*John Dewey's Liberalism*（2002）. Savage 的这本书以个人和共同体之间的关系作为理解杜威哲学的路径，通过对个体自治、自由和创造性等特征的描述，证明了杜威哲学的基本目标是通过一种自我发展的理论来为自由主义辩护，并且杜威的这种辩护可以为现在的政治自由主义和共同体主义之争提供一种有益的补充，如果不是替代的话。

Richard J. Bernstein：*Praxis and Action*（1971）. 虽然是本老书，但 Bernstein 在这本书中所处理的问题却永不过时：人类行为。他在这本书中梳理了马克思、黑格尔、存在主义、实用主义以及分析哲学对行为的看法，探究了在道德生活中 praxis 这一概念的本性、状态和意义。特别是在第三章中将皮尔士和杜威关于行动、行为的观点放在一起研究，具有启发意义。

B. 论文类：

Craig A. Cunningham：*The Metaphysics of Dewey's Conception of the Self*（1995）. 在这篇文章中，Cunningham 从历史的观点分析了杜威的道德自我概念的发展，他提出一个很有意思的观点就是杜威的道德自我观念需要一种形而上学的支撑。他区分了在杜威道德自我观念中存在的两个不同纬度：习惯的自我和理想的自我，以及这两种道德自我之间是如何相互影响和转化的。他认为在杜威的这两种自我中存在着一种张力，而这需要靠一种目的论的形而上学来弥补。

Nicholas O. Pagan：*Configuring the Moral Self：Aristotle and Dewey*（2008）. 很有意思的一篇论文，在本书中，Pagan 将杜威的道德实用主义和亚里士多德的《尼格马可伦理学》中的相关概念拿出来做比较，与 Chambliss 书中的观点不太一样的是，Pagan 试图证明亚里士多德伦理学中除了他对沉思生活中的强调之外，其他的诸多概念和分析都与实用主义不谋而合，特别是他认为亚里士多德倾向于一种德性为基础的伦理学而非规则为基础的伦理学预示了实用主义伦理学的重要特征。

Melvin L. Roger：*Action and Inquiry in Dewey's Philosophy*（2007）. Roger 在这篇文章中试图澄清的主要问题是我们对杜威探究概念的不满主要是来自于我们对其的误读。Roger 认为有些理论家认为杜威的探究概念太抽象，缺少具体的内容，因而无法正确地描述我们道德生活现象的复杂性。但Roger 认为要解决这个问题就必须将杜威的探究概念看作是对亚里士多德 episteme、phronesis 和 techne 三种知识概念的转化。

汪堂家：《道德自我、道德情境与道德判断》（2005）。在这篇文章中，汪堂家老师以《人性与行为》《道德中的三种因素》和 1932 年版《伦理学》为主要文本依据，分析了杜威道德哲学中道德自我与行为选择、道德情境和道德知识之间的关系，认为杜威的道德哲学不仅体现了其哲学的基本主张，而且还开启了现代情境伦理学的先河。

5. 本书的创新之处

最后，本书的创新之处主要有这样几个方面：

一是在论题方面有所创新。道德哲学是杜威学术生涯一开始就非常关注的问题，也是贯穿其一生思考的关键问题之一。但是，由于问题意识各有差异，理论切入点便各有不同，之前学者对杜威道德哲学关注的焦点常常集中在杜威道德哲学的经验形而上学基础，实用主义道德理论或者道德哲学和其政治哲学、教育哲学、宗教哲学或艺术哲学相关连关联的研究，因而他们对"道德自我"这一概念大多存在有意或无意的忽略，最多只是在其著作中蜻蜓点水般一掠而过，几乎没有学者专门对这一概念做出深入的研究。因此，在这个意义上，从"道德自我"概念为核心对杜威的道德哲学进行研究是一项全新而有一定难度的工作。

二是在观点方面有所创新。虽然国外也有学者注意到了杜威

"道德自我"概念的特殊性，但他们大多认为这一概念并非杜威道德哲学的关键词，因此对其的处理也失之详细。但本书认为"道德自我"实是理解杜威道德哲学和社会哲学的一把钥匙，只有我们把握住了这把钥匙，我们才能看清楚和全面理解杜威对传统"道德自我"概念的改造和重构，也才能理解杜威在西方哲学从近代向现代转变过程中的贡献。以上这些观点有一定的创新性。

三是在方法上有一定创新。以往很多学者对杜威的研究都倾向于采用系统周密的史料考订方法或实事求是的人物评价方法以及传记式的人物生平研究，本书在方法上也有一定创新。1. 通过概念分析的方法，在文本解读的基础上对杜威"道德自我"这一概念进行条分缕析的概念分析，阐释其丰富内涵，展示其内在逻辑结构和外在关联。2. 通过文本和义理两方面的梳理和解释，从两个不同方面重构了杜威的"道德自我"概念，并且在这两种重构的张力中，不仅揭示了杜威思想的丰富性和复杂性，而且将杜威的思想重新拉入现代语境的争论中，从而凸显杜威思想的活力及其现代意义。

第一章　道德自我问题在杜威道德哲学中的展开

　　只有当哲学不再处理哲学家们的问题，并且变成哲学家手中处理人之问题的工具之时，哲学才真正重新获得新生。[①]

　　十九世纪三十年代初托克维尔访问美国的时候，曾经一针见血地指出："在文明世界中，没有任何一个国家比美国更不重视哲学了"。[②] 直到二十世纪初（1901 年），詹姆士（William James）受邀到阿伯丁大学（university of Aberdeen）讲学的时候，这种情况也未见好转，他在讲演中说："对我们美国人来说，从欧洲学者的声音和书本中接受有教益的经验是很常见的，……这就好似'欧洲人说，美国人听'是正常的事情一样。"[③]但是，就在托克维尔访问美国 100 年之后，情况发生了翻天覆地的变化，在 1919 年到 1921 年之间，杜威访问了日本和中国，在这两个国家最著名的大学里讲授他的哲学思想，不但广受好评，而且还影响深远。在二十世纪三十

---

① MW. 10：46.

② Alexis de Tocqueville, Democracy in America, translated, Edited by Harvey C. Mansfield and Delba Winthrop, Chicago：The University of Chicago Press, 2000. p. 403.

③ William James, The Varieties of Religious Experience：A Study in Human Nature. N. Y：Barnes&.Noble, 2004. p. 11.

年代,托克维尔的祖国(法国)也邀请杜威访问讲学,并授予他荣誉学位,在此时,他的哲学在法国哲学家圈内已经引起了广泛的赞誉,有一位听他讲座的哲学教授说:"你的哲学在很长的一段时间内已经引起了法国哲学家们的兴趣。"①在此时,杜威哲学享誉世界,被看作是"美国精神的象征",是美国人的民族精神和社会心理的表达。但也正是在街头巷尾都对杜威的实用主义、实验主义和工具主义耳熟能详之时,在其成为一种文化符号之时,对杜威著作内容的精心研究却变得越来越少,这一点尤其表现在对他二十年代以后著作的研究之上。但对杜威来说,在他生命的后三十年中,他的思想依然活跃,其重要的理论著作有很多都是在这个阶段完成的,因此,这种现象的出现对一个真正的哲学家来说不能不是一种悲哀。因为杜威自己从未停止过探索和实验他的思想,尽管我们普遍认为他的哲学基调在世纪之交就已经形成,但他仍然一次又一次地在新的领域里澄清和检验它们。因而,对杜威思想的资源进行重新梳理和理解就不仅仅有其重要性,更有必要性。只有经过这种再检讨,我们才能超越传统上认为杜威思想来源的"黑格尔——达尔文"路线之窠臼,才能更好地理解杜威思想的复杂性和丰富性。

既然要对杜威的思想来源进行考察,就不可避免地要涉及杜威的生平和其思想的一般性介绍,但一则本书的主要目的并非要对杜威进行全方位的研究,二则对中国读者来说,杜威并非是个陌生的名字,因此,除非是对理解杜威的思想有帮助,笔者并不准备对其生平和思想介绍作过多的叙述。② 在这里,需要提示的几

---

① LW5:497.虽然第二次世界大战后,大批欧洲哲学家因为各种原因纷纷来到美国,占领了美国的大学和学术界,以至于刚刚兴起的美国本土哲学转瞬就夭折了,但从二十世纪七十年代开始,这种情况又得到了一定程度的改变。

② 关于杜威生平和其思想介绍性的著作最全面和最权威要数 Dykhuizen, George. *The Life and Mind of John Dewey*. Carbondale, ILL.: Southern Illinois University Press,1973.这本书尽管写于 70 年代,但其中丰富的史料以及(转下页)

个事实包括：杜威出生在美国南北战争爆发前两年，卒于马歇尔计划实施后五年，朝鲜停战协议签订前一年；其一生横跨两个世纪，并且在每个世纪生活的时间差不多长（41 年在十九世纪，52 年在二十世纪）。同时，他这一生经历了人类历史上最残酷的两次世界大战，也看到了美国从一个新兴国家一跃成为世界性的霸主。[①]而在思想史方面，对杜威一生影响最大的达尔文的《物种起源》（*The Origin of Species*）也在他出生的那一年发表了，与他关系"纠葛不清"的马克思在这一年也出版了《政治经济学批判》（*The Critique of Political Economy*）。当然，这些可能是我们的牵强附会，也或许只是一种巧合，但毋庸置疑地是，这的确说明了杜威生活在一个正在经历着剧烈变动的时代。

正如我们在序言中所指出的那样，道德自我这个概念在杜威的道德哲学中占据着一个十分重要的地位。在其漫长的学术生涯中，在不同时间段中，关于这个主题，他都留下了不少独特的思考，在有些地方（例如《伦理学》中），他直截了当地处理了这个主题，但在更多的时候，他在其他的著作中也写下了许多关于这个主题的

（接上页）对杜威生平详尽的介绍，至今无人能出其右。偏重杜威道德思想解释的可以参见 Campbell, James. *Understanding John Dewey*, Chicago and La Salle, ILL. : Open Court Publishing Co. , 1995。从自由主义角度研究杜威和自由主义关系的可以参见 Ryan, Alan. *John Dewey and the High Tide of American Liberalism*. New York and London：W. W. Norton and Co. , 1995。偏重政治哲学角度研究杜威生平和思想的，最好的当属 Westbrook, Robert B. *John Dewey and American Society*. Ithaca and London：Cornell University Press，1991. 从宗教和信仰方面研究的力著则有 Rockefeller, Steven C. *John Dewey, Religious Faith and Democratic Humanism*. New York：Columbia University Press，1991. 对其思想简介和导读性质的书则以 *Guide to the Works of John Dewey*, Edited by Jo Ann Boydston, Carbondale：Southern Illinois University Press，1970. 为最佳。本书在最后附有一张简要的"杜威生平及其著作年表"，上面依据年代概要地展现了杜威著作和思想的变化，可供有兴趣的读者参考。

① 笔者相信，这几件在美国乃至世界历史中都具有重要的意义，对杜威思想的形成，特别是我们将要探究的他的著作中所要揭示出来的生存经验都有至关重要的影响。

真知灼见。因而，要想系统地对待杜威对道德自我这一概念的理解，我们就不能仅仅局限在他的某一部或者两部的伦理学著作中。而特别要注意其思想的变化和发展，因此，我们下面的考察就从杜威整个著作入手，以他具体的文字为考察路径，来探究杜威思想资源和方法论的变化问题。

杜威道德哲学的思想资源和有关方法论变化一个普遍流行的观点可以在 Jennifer Welchman 的著作《杜威的伦理思想》(*Dewey's Ethical Thought*)一书中看到，这种观点认为杜威思想的变化是从受黑格尔影响的早期观念论(idealism)，即从 1884 年杜威发表第一本著作开始一直到 1894 年，然后受进化论的影响转到实用主义伦理学上的发展过程。因而，她的这本书也分成两大部分，第一部分包括第一到第三章，主要处理杜威早期观念论时候的伦理学著作，特别重要的就是《一种批判的伦理学理论纲要》(*Outlines of A Critical theory of Ethics*，以下简称《纲要》)，然后第四、第五章可以算作过渡时期，通过杜威对心理学的研究，以及对杜威"自我实现"概念的分析来说明杜威是如何从观念论转变到实用主义的，后面两章(6、7)则是讨论杜威有关实用主义伦理学的思想，特别讨论了这种思想的代表作，即 1908 年杜威和塔夫茨(Tufts)合写的《伦理学》一书。这种划分当然不能说不对，但却也太粗糙，完全不能体现出杜威思想来源的复杂性和其丰富性。因而本书并不采取她的这种看法，而是力图尽可能细致地展示出杜威道德哲学思想发展的轨迹。在 1930 年，杜威写了一篇自传性的文章：《从绝对主义到实验主义》(*From Absolutism to Experimentalism*)，在这篇文章中，杜威回顾了自己之前的哲学生涯，认为自己的思想资源大体可以分成这样几个成分：直觉主义和基督教哲学的影响，黑格尔和德国观念论的影响，达尔文进化论的影响，皮尔士的实效主义和詹姆士的机能主义心理学影响，一直到二十世纪初他才形成比较成熟的实验主义和工具主义(instrumentalism)。但是，我们知道，杜威在写完这篇文章之后，依然在学术界活跃了二十年之久,在其后他的思想是否还发生着变化呢? 可惜的是关于这方面的研究却非常有限,但我们可以从杜威二十年代以后的著作和他与本特利(Bentley)的通信中发现一些端倪,本章在后面(第三节)将着重讨论这一问题。

正如我们所知,杜威哲学的基本要义就是要为人们提供一种有效的方法来解决我们在多变的世界中所遭遇的困惑和困难,因而,杜威将哲学看作是一种工具,一种我们在面对世界和外部环境时可以有效地解决问题的工具。相应的,他的道德哲学也应如是观之,他的道德哲学要解决的是我们在道德情境中出现困惑或者道德两难时候的工具,是他调和科学和道德/宗教,个人和社会,道德目的和手段等冲突的利器。因此,在这一章中,我将试图从杜威伦理学的文风、方法以及其思想资源的变化上来梳理和解释杜威道德哲学中与"道德自我"相关概念的变化。特别地,我将这种变化划分为三个时期:受英国黑格尔主义影响的观念论时期;受达尔文发生学方法论和心理学影响的实用主义时期;受新亚里士多德主义和人类学影响的成熟时期。当然,这三个时期的划分并非绝对,特别是后两个时期思想的变化是否有那么明显,例如,新亚里士多德主义和人类学对杜威思想的影响是否使其思想在晚期发生了根本转变,都还是有待讨论的问题(即,是否像某些极端学者认为的那样,杜威晚期思想中实际存在着一种"亚里士多德主义的转向"(Aristotelian Turn))。但我在下文的相关部分将试图证明这种影响的确是发生了,尽管不像有些学者所认为的那样极端,并且在这种变化中,其前期的思想立场并没有被完全抛弃。下面,我将以杜威相关的道德哲学著作为代表,来展示"道德自我"在杜威不同思想时期的发展。

第一节　杜威观念论时期的"道德自我"概念

我们在总计 37 卷的《杜威文集》中可以很清楚地看到,在杜威学术生涯的早期,他所关心的主要哲学问题有两个:一是对传统认识论和形而上学的批判,二则是对道德哲学的浓厚兴趣。在其早期文集中,我们可以看到多本(篇)有关道德哲学的著作,我们也可以说,在其学术生涯的开端,就已经埋下了其后成熟思想的种子。例如,在早期文集第一卷(1882—1888 年)中的几篇著作就显示了杜威学术生涯中的多个特点:A. 杜威早期所持的哲学立场:混杂着德国观念论的直觉主义和苏格兰常识主义,特别值得注意的是,杜威对黑格尔主义的接受,特别是他早期观念论时期的黑格尔主义,其实是通过英国的新黑格尔主义所理解的黑格尔哲学,(这一点在第一篇《唯物主义的形而上学假定》(*The Metaphysical Assumptions of Materialism*)和第二篇文章《斯宾诺莎的泛神论》(*The Pantheism of Spinoza*)表现得尤其明显)。B. 杜威对方法论的重视以及对二元论的反对,这在本卷的最后一篇,同时也是他早期的第一本书:《莱布尼茨的〈人类理智新论〉》(*Leibniz's New Essays Concerning the Human Understanding*)中表现得最为明显,虽然他认为莱布尼茨是自亚里士多德以来理智最为发达之人,虽然他赞扬莱布尼茨哲学中对二元论的批判和克服,但同时他却指出莱布尼茨的哲学中同样存在着严重的二元论:"莱布尼茨的方法要求他将理智看成是一种纯粹的形式,因而不能自相反对,而他思想的倾向和讨论的具体对象却迫使他将理智看作是有内容的所有物,……因而,莱布尼茨哲学的方法和其内容存在着矛盾。"[1]C. 杜威对科学方法和伦理学关系问题的关心,以及他对民主和伦理关系的考察。在《灵魂和身体》(*Soul and Body*)以及《伦理学和自然科学》(*Ethics and Physical Science*)两文中,杜威都坚持认为宗教和伦理学不应该对心理学和自然科学中新的发现感到恐惧。他在《伦理学和自然科学》一文中坚决反对将生物进化论的理论应

---

[1]　EW. 1: 414 - 418.

用到伦理学方面。指出生物进化的过程与个体在社会团体中的发展过程有根本不同,前者是一个冲突的过程,它的真实状况是对抗、竞争、选择、残存;而后者的状况则是和谐、目的与生活的协调、福利的共享。伦理学并非是一种对自然法则的认识,而是与自然法则相对立。伦理的理想(ideal)不同于自然的目的(end)。他批判进化论的伦理学,认为伦理学的理论和实践与基督教神学关于实在(reality)宽泛的精神性解释是相兼容的。这与他在《心理学》(*Psychology*)中主张"就人自身来说,他的利益的最高产物就是教堂"①的看法相同。杜威指出达尔文进化论的重要意义不在于它可以处处适用,而在于它显示了一种"科学的方法",这种科学的方法则可以应用于人——作为一个生物的以及社会的动物——来研究,并且为一种新心理学铺路,使哲学的心理学从内省的专门术语中解放出来。此外,在这里,杜威还提出了他早期道德哲学中的一个重要概念:调试(mediation),杜威在这个时候重视调适的作用,认为现在的伦理学应该以调适的过程来取代"刺激—反应"的简单解释。② 因为在人类行为中,尤其是关于价值判断的行为中,对于种种相互冲突的倾向或价值的调适作用,乃是人类适应环境的一种基本方法。

虽然在哲学起步阶段之时,杜威受基督教哲学的影响还很重,但在随后的一篇文章,即《民主的伦理学》(*Ethics of Democracy*),(这同时也是早期杜威伦理学和政治学比较重要的一篇文章)中,他在对民主进行伦理学的解释的时候,却并没有强调宗教的作用,而是使用了"有机体"(organism)这一将社会的各个方面包括在内

① EW. 2:295.
② 在这个阶段,即 1889 年到 1904 年,杜威受人类学的影响提出了"发生学的方法"(genetic method),强调"智慧的判断"即先前所说的调适作用,不仅仅是一种适应环境的方法,而且是重建社会的行为情境的一种试验的过程。

的概念来分析民主及其蕴含的伦理意味。在这篇文章中，杜威分析了贵族政体，共和政体以及民主政体的优劣利弊，以及许多理论家讨厌民主政体的原因（"为什么他们对民主了解的越多就会越不喜欢它"），特别是他批评了梅因（Maine）关于君权的历史理论以及法国、德国哲学家将民主仅仅看作是一种政体的观点。而在杜威看来"如果我们真的采用社会是有机体这一概念，那么情况就会完全不同。⋯⋯有机体这一概念完全是一个相互作用的概念。⋯⋯至少，在概念上，民主最接近所有社会组织的理想，在这种民主中，个体和社会彼此之间是有机联系的，而不是最不稳定的政府。"①在此，杜威已经透露出他日后所主张的那句广泛被引用的名言"民主是一种生活方式"了。

　　在早期著作集中，有一个哲学家引起了杜威格外的关注，这就是著名的英国新黑格尔主义者格林（Thomas Hill Green）。在这个时期，杜威一连发表了两篇关于格林的文章：《托马斯·希尔·格林的哲学》（*The philosophy of Thomas Hill Green*）和《格林的道德动机理论》（*Green's Theory of the Moral Motive*）。杜威高度赞扬了格林的哲学，特别是他在调和伦理学/宗教精神和自然科学方面的杰出努力贡献，而这一点无疑也对杜威自己的伦理学思想产生了重大的影响。杜威分析了格林是如何从诗与科学之争中揭示出当代哲学之困境的，格林认为之所以会出现这种情况都要归罪于从洛克到休谟以来的英国经验主义哲学家。② 而格林认为自己所做的努力就是要为经验和信仰找到共同的根基。在格林看来，理智（intelligence）既是联合科学和宗教的精神性原则，也是

---

① EW. 1：236 - 237.

② 格林最重要的一篇著作就是关于休谟人性论的长篇导言，在这篇导言中，格林第一次系统地梳理了洛克-贝克莱-休谟这一系的英国经验主义哲学，并对其大加鞭挞，认为他们并没有对理智给予足够的重视。他的这种梳理无论是对杜威还是对其后的哲学史研究都有深刻的影响。

使诗和伦理学成为可能的根据。在杜威看来,格林相信这样一种
经验的统一:"一个单一的、永恒的以及无所不包的关系体系可以
应用到世界的统一之上,……这种永恒的理智并非人类个体的理
智,但它却不断在我们之中部分地和逐步地复现自己。"①而我们
有意识地行动的道德理想也是从中而来,我们的道德行动就是这
种精神性原则向实践经验的转变过程。但杜威发现自己在"自我
实现"(self-realization)这一概念上的理解和格林略有不同。对杜
威来说,格林的自我实现是一个抽象的概念,是把自我实现看作是
一个"从未定之我"(undetermined self)不断充实的过程,而杜威却
认为自我是作为自我而行动,并非是为了自我而行动。在《作为道
德理想的自我实现》(*Self-realization as Moral Ideal*)一文中,杜
威进一步发挥了这个观点,他认为当我们在说"能力"(capacity)这
个词的时候,我们实际上是在讲一些此时此地可以被观察到的行
动,这些与目的相关联的行为是我们在过去经验中所实现的,而我
们再以这些行为作为我们现在制定目标的条件,因此,道德理想是
从过去的经验中产生的。自我实现作为一种道德理想,它的内容
和潜力是与我们真实的经验密不可分的。

　　如果说,在和格林相关的这两篇论文中,杜威阐述了他自己关
于经验的自我及其实现这一观点的话,那么在这一时期,杜威关于
自我还写下了另外一篇与先验自我(transcendental self)相关的文
章:《论有关"自我"一词的某些流行观点》(*On Some current
Conceptions of the Term 'Self'*),在这篇文章中,杜威主要的论
战对手是塞斯(Andrew Seth),特别是针对塞斯在《黑格尔主义和
人格》(*Hegelianism and Personality*)一书中所阐述的先验自我。
杜威认为塞斯在这本书中描述了关于自我的三个观点:A. 自我是
与理智世界相关联,B. 先验自我(Ego)所表现的仅仅是宇宙形式

---

① EW. 3:22.

的统一，C. 自我是思想根本的范畴。① 但杜威却通过分析关于"自我"这一术语意义产生的历史根源来批判塞斯的自我理论。他认为："一方面，自我不能等同于世界，因为作为为我们所知的世界总是某种形式的对象，即在时间和空间意义上的对象；另一方面，自我也不能等同于思想的最高范畴，因为自我并非一个单纯的思想或范畴，即它是思想进行综合的活动。"②因而，在杜威看来，塞斯对自我的这个看法其实和格林对"自我"的观点有异曲同工之妙，都是将实现了的自我和未实现的自我进行割裂，从而导致了一种二元论。

　　杜威关于伦理学方面第一篇系统性的重要著作，乃是 1891 年发表的《纲要》，纲要的内容由三部分构成，第一部分是讨论基本的伦理概念和观点；第二部分是讨论道德及其社会性的"伦理世界"；第三部分则回到"个人的道德生活"，讨论道德自我的实现及其问题。在导论中，杜威首先将知识区分成描述性的和判断的两类，其中人类学和心理学等属于第一类，而伦理学则属于后者。在《纲要》中，杜威为自己规定的任务是通过"比较和分析各种相互对立的极端观点，以便发现一种显然较为恰当的理论。"③因而，在《纲要》的第一部分，杜威认为伦理学并非只是"规定何者是一个人应该做的，而是要在他的行为中去发现义务的要素，去检查个人的行为，以了解什么使得这个行为有价值"。这种观点，暗示了杜威认为伦理学有描述和规范的双重性质。接着，杜威讨论了伦理学的一些基本概念，例如：善、义务、自由等等。他分析和批判了享乐主义（hedonism）、功利主义（utilitarianism）、康德主义（Kantianism）以及

---

① EW. 3：xxx 或 p. 57 - 59.
② EW. 3：74，在 1887 年发表的《心理学》（Psychology）一书中，杜威将自我的本质界定为"意志的自我决定行为"。
③ Ibd. p. 240.

进化论功利主义(evolutionary utilitarianism),杜威认为对每种主张基本上都各有肯定和否定,他认为:"一个适当的道德理论并不是要通过每当欲望出现的时候,就通过满足它来得到许多的快乐,……[也不是]仅仅为法则而遵守法则,……真正满足的自我(satisfied self)只可能从依从法则的欲望的满足中产生。"①因而,杜威总结道:"道德的目的或善,乃是经由一个人或者是作为个性的人(person of individuality)的实现,我们可以将个性分为两个因素,——或者更恰当地说,两个观点或两个方面:个性一方面是指特殊的性情、气质、天资、倾向和爱好;另一方面则是指特殊的地位、情况、限制、环境、机会等其他条件。我们可以说,个性是指特殊的能力加上特殊的环境。能力与环境,单独来看,都只是一个抽象的概念,只有凭借两者之间的关系,才能构成一个实际的个人。"②在这段总结之中,杜威指出了构成个人的两方面的要素:个人方面和社会方面。这意味着,在杜威开始伦理学思考的地方,自我就已经具备了个人以及社会两方面的考虑,自我利益和欲望的满足只能在社会的背景下得到它们的满足,就是在这种个人和社会的连续性中,杜威才能发展出他的道德自我及其自我实现理论,这种自我实现是在社会中发展出来的,而不是"绝对"的自我复制和实现。每一个道德自我都是在特定环境中通过施展他特有的能力而成就的,因此,这种成就也就使每一个自我可以和他人区分开来。在《纲要》之中,我们可以看到杜威后期很多关于道德哲学和道德自我的论述都已经初现端倪,但是也有一些观点是他后期所抛弃的,例如他所采取的概念分析法以及道德假定(postulate)。

---

① Ibd. p. 300,在杜威看来,这个法则并不是外在的,而是从欲望中自然产生的,因而与康德的道德法则有本质区别。

② EW. 3:301 – 303.

　　同样是在 1891 年的另一篇重要的道德哲学论文《道德理论和实践》(*Moral Theory and Practice*)中,杜威认为传统的道德哲学往往将道德理论视为一种企图,因而总是要到活动本身以外的事件中去为道德活动找一种哲学的基础或根据,但这却是一种错误的观念。因为,在杜威看来,理论和实践之间的关系应当是这样的:理论是设想中行动状态的样品,只能分辨出应当的行为;实际实践则是如此得到的观念的实现——它是寓于行动中的理论。

　　从 1891 年到 1894 年,由于对教育实践的关注,杜威的哲学观点发生了一些变化,在《纲要》中体现出来的一些思想萌芽开始变得成熟,因此,他放弃了《纲要》的修订和再版计划,而在 1894 年发表了他道德哲学方面第二篇成系统的重要著作:《伦理学研究:一份大纲》(*The Study of Ethics*:*A Syllabus*,以下简称《大纲》)。在这份《大纲》的序言中,杜威明确地指出这本书并不是之前《纲要》的第二版,而是重头开始进行的一项新工作:“对于实际经验的过程做一番彻底的心理学的审查,并从对于主要的伦理学类型的分析中,引出一项之前从来没有人尝试过的工作”。[1] 按照杜威本来的打算,这本书也包括三个部分:A. 理论与实践的关系;B. 心理学伦理学;C. 社会伦理学。但第三章因故未能写就,因此,这本书只有前面两章。这本《大纲》可以说是杜威哲学的一种新的尝试,他自己也称其为“实验的观念论”(experimental idealism)。[2] 在这本书里,我们可以很清楚地看到詹姆斯心理学的影响,特别是在“道德自我”这个概念上,杜威借助詹姆斯的帮助重新审视了自己之前因为出于统一的追求而在“道德自我”上残留的德国观念论的痕迹,他试图用詹姆斯机能心理学中互相“冲突的自我”来代替德国观念中大写的“自我”。虽然在这个时候,他仍然在借助黑格

---

① EW. 4:221
② Ibd. p. 264

尔的"中介"(mediation)概念来解释刺激(impulses)是如何发生的,但是他却明确地反对黑格尔以及英国的新黑格尔主义者们将自我实现看作是"就像填充白板一样填充未定的纯粹普遍自我",他相信,自我实现应该被理解为"个体行为者具体能力的表达"。①在分析道德行为的时候,杜威认为应该对于行动的环境和道德自我给予同样的重视,因为:"行为者经由自觉或不自觉的教育,他的思想、感觉、行动的方式都已经被塑造成某种固定的习惯。……我们的行为是由种种加之于我们的要求所支配的,这些要求不仅是来自其他的个人;而且来自家庭、社会、职业等方面惯常的期待;来自环绕在我们周围的事物、工具、书籍等的刺激;以及种种机会所呈现的类别和性质。……行为的情境不但是个人的观念、计划得以实现的条件,而且,经过它对于该计划局部或者全部的接受或者拒绝,反应到道德自我的意识之中,从而加强或者修改该计划。"②之所以引用这么长一段杜威的原话,是因为我们在这里面发现了一些有意思的地方,杜威在这里提到了后来他极其看重的"习惯"和"理智分析"的重要性,但可惜的是在此处他并没有展开和加以细致地讨论,而在其后的两版《伦理学》以及《人性及其行为》(Human Nature and Conduct)中,这些都成为了重要的主题。

此外,在《大纲》中,道德理论与道德实践之间的关系被杜威单独列出,成为一种重要的研究主题。其实,这个问题在之前他就已经在《道德理论与实践》(Moral Theory and Practice)中讨论过了,只不过在那篇文章中,杜威是从"理论是想象中的行动,实践则是依此想象得到观念的实现"的观点来批判当时流行的几种关于理论——实践关系的观点,而在《大纲》中,他则是从机能心理学的角度指出:"道德理论是由实际需要而产生的,它不仅仅是一种有

① Ibd. p. 246
② Ibd. p. 229－230

关行为的判断,而且是行为的一部分,是一个现实的事实。"①

因此,从杜威早期这些道德哲学,或者和道德哲学相关的著作中我们可以看到杜威关于"道德自我"这一概念的某些特征。在杜威看来,"道德自我"包括两个方面:现实中的自我和作为道德理想的自我,并且这两方面都同样涉及道德理论和实践的关系。而最能体现出道德自我这两方面特征的则是"自我实现"这一概念。这一概念无疑是受到了格林的影响,特别是格林关于"自我实现"作为科学和伦理/宗教统一体的观点。这一观点同时也是当时流行的关于道德自我及其实现的看法,但同时杜威却认为这种看法事实上将"道德自我"设定为一个固定的、静止的目标去追求,而没有考虑到"道德自我"是如何从过去的生活经验中成长出来,以及这种作为理想道德自我的修正过程。这种不满也直接导致了杜威对观念论和旧形而上学的不满,成为其在之后的生涯中试图寻求突破的动机。此外,我们从杜威在这一时期关于道德著作写作的方法上也可以看出这种变化。例如,在 1891 年的《纲要》中,杜威采用的是一种传统观念论的概念分析法,即通过对每一个概念的界定来揭示其内涵和意义。但在 1894 年的《大纲》中,杜威则更多地从实际的经验开始来分析道德哲学,而不再寄希望于通过概念的分析来达到道德哲学的清晰性,在这个过程中,心理学的影响开始显现,特别是在关于"道德自我"这一概念上,杜威几乎放弃了之前作为"统一性"的道德自我,而转向一种现实的、冲突的道德自我观念。

第二节　实用主义的伦理学时期的"道德自我"观念

在 1896 年到 1898 年三年间,杜威连续发表了三篇具有极其重

---

① Ibd. p. 224.

要意义的伦理学文章:《伦理学中的形而上学方法》(*Metaphysical Method in Ethics*)、《教育中的伦理学原则》(*Ethical Principles Underlying Education*)以及《进化论和伦理学》(*Evolution and Ethics*),这三篇文章共同宣告了杜威无论是在方法论上还是在内容上,都和其过去的道德哲学彻底划清了界限,并且基本昭示了今后杜威道德哲学中的三个重点:心理学、社会学和进化论的科学方法。① 杜威认为"心理学为道德哲学提供了一种行动的方法(how),而社会学则为其提供了内容(what)。"②杜威用另一种方式完成了他在《大纲》中未能完成的"社会伦理学"部分。③ 所以,道德自我施展其功能(function)的过程从心理学的角度看就是"自我的实现",从社会学的角度看就是"文明"(civilization)。而达尔文的进化论则为杜威昭示了一种新的科学方法,一种可以应用到生物以及社会动物研究之上的方法,这就为杜威新的心理学打开了方向,并且使道德哲学从传统的内省中解放出来,以一种生物学观点来促进道德哲学的发展,这种科学方法成为杜威破除二元论的一件利器。杜威认为自从达尔文的进化论以后,我们就不再生活在一个有固定目的的世界中,随之而来的后果则是,之前的那些解决问题的方法都失去了其效力。作为一种理智新方法的科学以及

----

① 在此处,需要强调的是,杜威并不是要把伦理学划分为"社会的伦理学"和"心理的伦理学"两部分,而是认为在伦理学研究中,必须兼顾心理学和社会学这两种观点。另外,在 1896 年,关于教育学和心理学中的研究方法论问题,杜威还发表了一篇更重要的文章,即《心理学中的反射弧概念》(*The Reflex Arc Concept in Psychology*),这篇文章直到现在还是教育学和心理学中的经典。在这篇文章中,杜威提出了他最具革命性的理论之一:关于学习的本质(essence of learning)理论。这篇文章也开启了杜威对人类行为研究的新方向,我们甚至可以说,这篇文章和我们其后要研究的《人性与行为》有着密切的因果联系。

② EW. 5:55-56.

③ 虽然杜威在 1908 年版的《伦理学》对此的解释是他与塔夫茨(James Hayden Tufts)之前商量好了分工,社会哲学这一部分由塔夫茨负责,因而杜威就没有继续完成他的《大纲》。

作为看待世界一种新观点的进化论使人们的信念发生了改变。因而，杜威认为在现今的世界，人们正经历着巨大的分野："最大的差别就存在于那些在社会事务上停滞和反动之人和真正进步之人，"杜威认为他们的差别就在于"前者认为道德是确定的，有限的（boxed），并且义务和价值的范围也是固定的和有其最终目的的。"①这就是为什么杜威认为现今研究伦理学会具有如此巨大的困难之所在，同时，这也是杜威认为为什么道德和事实的分野会出现，因为在这种情形下，社会已经分裂成道德和科学知识两部分了。因而，对杜威来说，最重要的问题就是：为了消除这种道德（价值）——事实两分，科学方法能否应用到道德生活上？并且在多大程度上，这种应用能够重建和我们当代生活密切相关的道德准则？

　　也正是在这个时期，杜威彻底告别的"道德自我和外部环境的刺激"这一"刺激——反应"或"刺激——认知——反应"模式的理论。②杜威认为刺激不是来自有机体外部，而是有机体在其生存环境中的一种状态，因而，特定有机体适应不断变化的情况就会产生行为，所以反应并不是直接与刺激相关联，而更多地表现为行为的循环。依据这种看法，道德自我就不再是一个经验被动的接受者。而道德自我对过去事件和复杂行为的学习，以及对未来的期望造就了道德自我"成长"（growth）的可能性。同样，在这三篇文章中，我们看到了随后被杜威充分发展的诸多概念。

　　但真正能代表杜威这一阶段道德哲学成就的还要归属于《伦理学》一书。在 1908 年，杜威和塔夫茨（James Hayden Tufts）合

①　LW. 7：283.

②　这也是为什么杜威反对进化论伦理学的根本原因，因为进化论伦理学在本质上依然是一种刺激——反应这种机械论的模式，他有时也将其成为是"古典身心二元论在现代的刺激反应的二元论中找到的回音。"（EW. 5：96）但遗憾的是直到现在，很多心理学家、道德学家和教育学家依然坚持着这样一种二元论的理论模型。

著的《伦理学》一书出版了。这本书的写作是为了提供一种关于伦理学的新的教科书。其中第二部分"道德生活的理论"（*The Theory of Moral Life*）以及第三部分的部分章节是由杜威撰写的。在杜威所写的部分中，他首先把道德分为"习俗的道德"（customary morality）和"反省的道德"（reflective morality）两种，然后将之前道德理论的主要概念（包括目的、善、正义、义务、价值、标准、德性等等）以及重要学派（例如理性主义、享乐主义、康德主义、功利主义、情感主义、新黑格尔主义以及进化论伦理学等）对其的解释进行一一分析和检讨。最后一部分则是讨论道德生活中道德自我所占的地位，特别是道德自我的德性以及他和道德行为之间的关系，还包括对利己主义（Egoism）和利他主义（Altruism）等问题讨论。这本书最重要的一个特点就是杜威第一次提出了"反思的伦理学"，并且他所谓的这种反思的伦理学并不要求头脑（head）取代心灵（heart）[或者说是理智取代情感]，而是要求它们一起协同工作。

在这本教科书的序言中，杜威写道："[这本书的]目的并不是要灌输某一种学派的观念，也不是要将这些观念纳入到一个现成的体系中。而是要显示那些产生自各种问题以及日常行为之经验的理论的发展，并且揭示如何才能将这些理论有效地应用到实际的需要。①"从这一段自白看，在他所写的这一部分中，他主要关心的问题依然是伦理学的方法论问题。正如斯蒂文森（Charles Stevenson）所指出的那样："如果杜威仅仅满足于此的话，那么他就不应该再得出他的规范的结论（normative conclusions）。……他就不应该使用'应该'或'可欲的'这种词来连接道德自我和其自我实现。②"但是很显然，杜威却不愿意放弃他关于自我实现这一概念

---

① MW. 5：4.
② MW. 5：序言 P. xxx.

的兴趣,但杜威坚持认为自我实现并不是道德行为的目的,因为这与他一直反对的固定化的目标(fixed ends)相反对。此外值得重视的还有,在1908年版的《伦理学》第五章中,杜威还揭示了评价道德进步的标准:1.用理性的手段去设定一些标准或形成某些价值,而不是出于习惯性地被动接受;2.保证自愿和个人的选择以及利益,而不是无意识地认同群体福利或出于本能或习惯满足群体的需求;3.同时鼓励个人的发展和需求,并且这些需求是在发展中所有人都能共享的——个人的价值和幸福(worth and happiness)同时也是每个人的。

　　当杜威在1908年版的《伦理学》中讨论"道德自我在道德生活中的地位"这一问题时,他感到有必要先对解决这一问题提出不同方案的道德学家做出合理的评价。在这一章第一节讨论"克己(self-denial)的学说"时,他提到了康德(Kant)和爱默生(Emerson)以及他们和新教(Protestant Christianity)之间的关系。杜威认为康德学说的精华在于"每一个理性的存在者都必须从偏好(inclination)的束缚中完全解放出来",因而,"无论从克己这一教条中产生出什么,它自身在道德上都是值得赞颂的。"① 关于道德生活中道德自我的自我断定理论,杜威则回顾了那些受到达尔文"适者生存"学说影响很大的哲学家,例如克罗波特肯(Kropotkin)的《相互帮助》(Mutual Aid)和斯宾塞(Spencer)的《伦理学原理》(The Principles of Ethics),杜威认为他们的这种进化伦理学过分夸大了人们相互之间的敌对性竞争,因而在行动上容易对他人造成损害。② 在杜威看来,传统道德哲学家在关于道德自我理论的讨论中,"自爱"(self-love)和"善意"(benevolence)也同

---

① MW. 5：328.
② 在这里,杜威将尼采的"超人"(super-man)学说也当作进化主义伦理学的一个突出代表。

样是很重要的一个内容。在杜威看来,这个问题其实就是"自我中心主义"(egoism)和"利他主义"(altruism)的关系问题。传统上,人们总是倾向于不是把道德行为者看成自我中心主义者,就是把他们当作利他主义者。而在杜威看来,这其实是一种传统二元论哲学思维影响下产生的错误区划。他认为在自我中心主义和利他主义之间的分歧实质上揭示出了我们必须从个人动机和社会自我两方面来发展出一种能够为人接受的观点。"任何道德危机都可以很合理地被看作是克服自私自利的斗争,因而,道德自我需要从惯常的习俗窠臼中超脱出来,进入无私行为的广大天地。"①正是依据这个观点,杜威赞同库里(C. H. Cooley)关于社会自我的评论。② 为了解决自我中心主义和利他主义两种理论各执一词的局面,杜威提出了"自我实现"(self-realization)理论来弥合他们之间的分裂,他认为自我实现这个观点相较于其他观点在很多方面都有优点,但"这种观点假定了一个已经存在的自我,并因而假定了一种已经得到满足的幸福。"③但是,对杜威来说,自我实现理论的意义在于它提醒我们个人和社会是彼此有机地结合在一起的。正是出于这种考虑,他认为:"关于自我在道德生活中所处地位我们最后的结论就是:由于那些构成自然自我(natural self)的源初的本能冲动而形成了道德问题,主动的自我(voluntary self)在社会化的欲望和感情中居于主导地位,而在其中最终和具有控制力(controlling)的考量(deliberation)原则则是对对象的爱,正是这

---

① MW. 5:351.

② 在此处值得一提的还有米德关于社会自我的观点对杜威的影响,正如希尔普(P. A. Schilpp)曾经评价到:"尽管终其一生,米德并没有发表多少作品,但他通过对话对杜威产生的影响却无可估量,即便如此,这种影响也还是被低估了。"P. A. schilpp: *Biography of John Dewey,in The philosophy of John Dewey*,New York:Tudor Publishing Company 1951,p. 25.

③ MW. 5:356.

种爱使得转变(transformation)得以可能的。"①

在这个时期,确切地说在 1908 年版的《伦理学》中,杜威提出了一种新的方法论:"戏剧化的预演"(dramatic rehearsal)。这种新的方法对杜威来说意义深远,因为这种方法论是一种推理的方式,这理性的推理并不依赖康德的实践理性,他所需要的仅仅是在某种情境对特定伦理问题进行推演。更重要的是,"戏剧化的预演"这种方法向我们传达了一种杜威关于方法论的新态度,这就是:他认为伦理问题乃是从不同的态度冲突中产生的,因而,要解决这种问题的最佳方式就是利用理智推理的方法在头脑中预演一下这些态度所能产生的各种不同后果,然后再做出选择。对杜威来说,这种方法的使用,还可以产生另一种意想不到的后果,这就是手段与目的之间的区分被打破了,因为在这种预演中,在之前实践中任何确定无疑的目的都被取消了,因而,传统的手段——目的两分也就自然走到了尽头。

在这个时期,杜威最关注的是实用主义方法论问题,而并非是道德哲学问题。但道德哲学却成为他实用主义方法论最好的一个实验场所。在这个阶段,杜威非常强调心理学方法在道德哲学分析中的应用,但这种心理学并非完全是之前那种机能主义的心理学,而是一种偏重社会影响的"社会心理学"。在这个过程中,杜威强调情境对"道德自我"形成的重要作用,正如他在《伦理学》中主张一种从"族群道德"到"个体道德"的演化过程一样,他重视"道德自我"和其所处环境的有机结合。在概念上面,"自我实现"依旧占据着某种地位,但其重要性已经让位于"成长"(growth)这一概念。在杜威看来,每个自我都是倾向于自我保存的(这里体现了杜威和传统英国经验论的某种继承关系),但没有一个道德自我会仅仅满足于这种保存,因为生命体的特征之一就是要实现自身的完善,而

① Ibd. p. 357.

这种完善的过程在杜威看来就是"道德自我"的成长和发展的过程。在杜威的观念中,这种成长意味着的是各种官能和能力(例如认知能力、创造能力等等)发展到一个更高的阶段;这也意味着人的生命的意义得到了实现和满足,而这个道德自我的发展是一个连续的过程,因而人类的能力永远也不会发展到一个最佳的状态。这种发展的连续性一方面意味着道德自我和其所处情境的相互作用,相互适应的过程,另一方面也意味着一种主动的改造和控制能力,并且这种发展唯有通过理智和道德能力(或者说是德性)的发展才可能。

第三节 "新"道德哲学中的"道德自我"概念

杜威于 1918 年在斯坦福大学做了一个系列演讲,其后稿汇编起来以《人性及行为》(*Human Nature and Conduct*)为题出版(出版于 1922 年,由于杜威远东一行的耽误),在这本书中,杜威对于道德行为的发动者(道德自我)与行为的情境之间的关系做了充分的说明。① 他在此书中的第一、二、三章主要处理行动中习惯(habit)、刺激(impulse)和理智(intelligence)的地位以及对于人类道德行为的关系问题,而这三样在历史中则表现为需求(needs),习俗(custom)和重构(reconstruction)。并且,杜威认为这个秩序也同样可以被反转,即理智被解释为一整套的习惯(a set of habits),而刺激并非独立的动因(dynamic source),而是被社会习惯所塑造出来的。因而杜威的结论是道德不可避免的是一种社会

---

① 这样同样实现了他在《大纲》中未完成的工作,即将"心理学的伦理学"和"社会的伦理学"加以整合,使之成为一个完全的理论体系。不过,在《大纲》中,杜威的意图是要将"心理学的伦理学"和"社会的伦理学"分成两个部分进行讨论,而在《人性及其行为》中,杜威则将两者的关系融入到每一个章节之中。

产物,一种在社会中广泛接受的习惯的产物(a product of socially conveyed habits)。1929—1930 年,美国正在经受大萧条的时候,杜威出版了《新旧个人主义》(*Individualism Old and New*)一书。在这本书中,杜威认为美国所面临的并非只有政治问题,更大的问题乃是出在美国的文化性格上,过去一直被认为是正确的那种逐利的个人主义在杜威看来已经不足取,因而他主要要建立一种新的个人主义。

在 1926 年到 1927 年,杜威给 Horace. S. Fries 教授通信讨论其 1908 年版《伦理学》中出现的种种问题。这个时候,杜威的思想发生了比较大的转变,他和 Fries 教授的三篇通信文章可能是其在 1930 年在法国所做的《道德中的三种独立因素》(*Three independent facts in Morals*)讲演的草稿,更是他在 1932 年修订《伦理学》时几乎重写了他所负责的部分的直接动因。在和 Fries 通信中,杜威区分了三种不同的道德,即:关于目的的道德,这种道德是以善和恶为其终极指向,像古希腊人和功利主义其实都主张这样一种追求善的道德;第二种道德是义务论,即关于法则的道德,其中权利——义务,对——错概念是其核心,代表则是从罗马到斯多亚再到康德主义的形式伦理学;第三种道德则是基于表扬和批评的道德,即以情感作为道德的出发点和归宿,英国的经验主义者和情感主义者大多属于这一派。在给 Fries 的信中,杜威认为自己在 1908 年版的《伦理学》中所持的是一种"社会化的功利主义"(socialized utilitarianism),这意味着他主要采用的是"善"(good)的框架来解释其他的概念(例如权利和德性等等)。而在1932 年版的《伦理学》中,杜威认为有三种经典的道德理论对我们的文明产生了最重大的影响,他写道:"大体上来说,我们发现理论之所以会有根本上的不同乃是因为有一些理论坚持目的和目标最重要,从而将"善"作为终极的概念;而有些人则坚持定律和规则的重要性,因而将义务和权力概念置于最高;第三种则是将许可和非难,赞誉和责备当作最主要的事实,因而把德性和恶的概念置于道德的中心地位。"①在这三种理论划分中,杜威并没有说他赞同或者反对任何一种理论,而是将他自己的任务规定为:"检验这些理论中的哪些具有永恒价值的因素能够对反思的道德(reflective morality)提供澄清和指导。"②杜威一方面不赞同康德将自我看作是最高和唯一的道德目的,因为这样一来,道德自我就和他自身的行动完全相异;另一方面他也不赞同功利主义将自我看作实现其快乐结果的手段,因为如果行动的道德价值被排除在道德自我之外,那么道德自我就没有办法严肃地对待行为和他自己的习惯。

在具体分析这两版伦理学的差别的时候,我们主要是关注1908年版《伦理学》中有,但在1932年版《伦理学》中却被当作错误的东西。这包括了如下几点:在文明(civilization)的进步中,道德的演进是从习俗,非反思的族群道德(unreflective group morality)到个体性的反思道德(individual reflective morality)。在1932年版的《伦理学》中,这种历史性的演进被抛弃,道德差别不再是习俗道德与反思性道德的差别。Elder认为,在这些概念的变化和重构中,可以看到其历史的原因。此外,在1908版《伦理学》中,杜威更加重视的概念是道德问题真正的现实性和反思性思想的重要性,而这两组概念在1932年版中都没有被强调。第三,在1908年版中,比较牵涉到三个不同背景的集合(the convergence of three different contexts):1. 人类历史性进化的发生学背景(the

---

① LW.7:181,和大多数伦理学教科书对道德理论学派的分类不同,在杜威的理解中,第一种理论的代表是亚里士多德,第二种的代表是康德,第三种的代表是休谟和其后的功利主义伦理学。在这中间,杜威又特别分析了后面两个学派,他认为康德的伦理学理论"将自我同其行为相分离,认为自我是最高和唯一的道德目的",(LW.7:285)而早期功利主义伦理学"将快乐作为唯一的善,并将自我及其品性当作是实行这种后果的工具。"(LW.7:285)

② LW.7:183.

generic context of the historical evolution of mankind),2. 社会状态下社会情境的不同,3. 个人发展的成长背景(the developmental context of individual growth),特别地,在关于社会这个问题上,杜威在1908 年版中更多的是提到"习俗社会",将一个"静止的社会"(stationary society)同一个"进步的社会"相比较。其差别在于前者依赖于习俗,后者依赖于理智的运用,这也与群体(group)和个体(individual)的比较相关联。但是,从《人性与行为》开始,理智(intelligence)被看作一系列的习惯,因而在 1908 年版《伦理学》中习俗和理智的对比就变得没有那么尖锐了。

　　而从方法论上分析,我们认为杜威在转到哥伦比亚大学之后,虽然机能主义心理学和米德社会行为主义的影响还隐约可见,但由于哥伦比亚大学整体学术氛围的影响,特别是以伍德布里奇(Woodbridge)为代表的美国新实在论和亚里士多德主义,以及 Franz Boas 人类学的影响,杜威的学术思想在这种对话和影响中慢慢发生变化,而这一切都可以从 1932 年版的《伦理学》中找到踪迹。因为我们通过博伊斯顿教授编辑的《杜威的个人和专业图书馆：一份清单》(*John Dewey's Personal and Professional Library：A Checklist*)可以看到杜威对亚里士多德的接触大体有两个时期,一个是在霍普金斯读研究生的时候,他读过亚里士多德全集;另一个则是到哥伦比亚大学任教之后。特别明显的是他的个人图书馆中可以看到从 1924 年之后,杜威的个人和教授图书馆中开始出现 *Aristotelian Society Concepts of Continuity*(1924),*Proceedings of the Aristotelian Society*(1928 - 1952)。[1] 可以从1924 年之后,杜威对亚里士多德的阅读兴趣明显增加。此外,根据相关记载,我们还可以查到杜威到了哥伦比亚大学之后,在二十

---

[1] Jo Ann Boydston：John Dewey's Personal and Professional Library：A Checklist. Southern Illinois University, 1982. pp. 4 - 5.

年代曾经去上过著名人类学家 Franz Boas 开的课,而且在 Boas 的
《原始人的精神》(*The Mind of Primitive Man*)一书中作了许多
的记号、划痕和折叠。这些都足以证明杜威对人类学研究的熟悉。
正是出于这种考虑,我们可以赞同 Elder 的看法,他认为"杜威
1932 年版的《伦理学》是现代伦理学理论的代表,……因为杜威的
时代感(sense of time),他并没有将伦理学看成一些永恒不变的伦
理信条,而是将伦理学看作不断持续的(ongoing)文化的一部分,
而非可以孤立的理解(intelligible)"。① 特别是杜威受 Franz Boas
的影响,对人类文化采取了一种人类学的方式,以至于他放弃了在
1908 年版中的诸多观念,例如:伦理是从"族群伦理"到"个人伦
理"的进化等等。他相信人始终是一种社会的存在,所有个体的道
德决定都发生在特定的社会系统(matrix)中。

所以,从以上的分析可以看出,在杜威早期著作中,在其伦理
学思想的发源地,他就已经开始关注道德自我和道德问题不断变
化的特征了,例如,在 1892 年,他已经在批判道德哲学中的两种倾
向:严格的规则遵守者和道德诡辩者,因为在杜威看来,他们都没
有认识到在道德生活中真正正在发生着什么。他说"伦理学要解
决的是行为的取向",以此为前提,他批判上面的第一种道德学家:
"[他们]下一步要做的就是编纂规则和格言的合集,因为这些格言
警句中总有一些会告诉你下一步该怎么做"。② 而对道德诡辩家
则认为任何一种具体的规则都无法涵盖人类全部的行为,因而他
们走向了另一个极端,杜威批判他们"否定了伦理学主要和直接是
为行动提供指导,[按照这种看法],所剩下的只是一种伦理学的形
而上学:只能试图分析道德可能的普遍情形。"③ 很显然,杜威对这

---

① Abraham Edel: Ethical Theory and Social Change,(2001). P. Xiii.
② Ibd. p. 115
③ Ibd. p. 115.

两种观点都很不满意,他认为我们真正需要的是对我们所处世界的各种情景进行正确的分析,而这样一种分析将为我们揭示出"所有的行为都是具体的和个人化的(individualized),因而伦理学理论必须也是具体的和特殊的(particularity)"。① 因此,没有任何一套具体的规则和由诡辩发展而来的普遍理论和我们这个具体的世界相适应。杜威早期受格林的影响,强调良心在伦理学中的重要作用,而其后则很少使用良心这种说法,转而通过对行为的分析来揭示道德的要素。道德就是要培养责任心和能力去判断我们正在做的事情所具有的意义,并运用这一判断来指引我们所做之事,但这不是通过直接培育某种被称作良心、理性或一种道德知识的官能之物来达到的,而是通过培养那些经验已经表明使我们在感知我们刚开始出现的活动趋向时保持敏感、大度、富有想象力和公正的习惯与冲动来达到的。

因此,我们可以说,杜威的伦理学思想从 1891 年的《大纲》开始,一直到 1932 年的修订版《伦理学》,都有一个一以贯之的主题,那就是通过深入探究人类关系的实在(reality)来加强(reinforced)和重建伦理学。杜威的伦理学是为了促进一种"对个人判断的解放和启蒙"(emancipation and enlightenment of individual judgment),而不是"传授任何已有的体系"。所以我们可以很有把握地说,杜威要解决的伦理学问题是"不是做什么的问题,而是如何决定做什么。"但是杜威早期伦理学著作大多与心理学和教育学相关,特别是关注于伦理学的心理学基础。这在 1908 年版的《伦理学》中得到的集中的反映。而二十年代以后,杜威则清楚地认识到美国所面临的问题不仅仅是政治上的,它们与美国文化特征相关,与收益体系(profit-system)的问题相关,与在道德上被接受的那种个人主义相关。因此,对道德问题的解决不能够仅仅依靠心

———————————

① Ibd. p.115.

理学或者教育学单独的努力,而是要从根本上改造文化以及作为文化基础的哲学思想。杜威认为,而在社会这个共同体中,一切真正的教育都是从经验中产生的。教育就是一个不断改造经验的过程,教育的目的在于扩大和加深经验的社会内容,同时使个人获得对有关方法的控制能力。民主作为一种生活方式,不是以"个人"与"社会"的抽象区分和生硬弥和为前提,而是应该通过从个人与社会共同体的具体关联的生动解释中寻找人性的丰富内涵,并由此建立起具有丰富的"个体性"条件的民主共同体。

第二章 道德情境和道德自我及其发展

哲学家是历史的一部分，在其展开中被把握；他们在某种程度上可能是未来历史的创造者，但他们必然是其过去的创造物。[①]

我们认为杜威道德哲学研究的基本出发点是：传统的道德哲学理论在面对现代道德问题时失效了，因为随着"新的发明、新的机器、新交通工具和交往方式的使用都使我们整个行动的情形一天天发生着改变"，[②]而静止不变的教育和道德实际上阻碍了这种发展和变化。事实上，杜威认为："这些变化在家庭内部关系，在经济关系和政治关系上都发生着变化，并且已经使那些曾经将人们牢固绑在一起的那些易于辨识的纽带变得格外松散"。[③]

杜威认为现代人所面临的道德困境乃在于我们学到的道德原则和规范都是和之前旧的、确定的、静止不动的问题相关，而我们的生活世界却充满了不断变化的困难，因而我们不知道自己该怎么去应对。杜威认识到每一个个体和每一个自我事实上都"一度以他自己的习惯中所具有的、被现有环境所否定的善来反对当下

---

① LW. 3：4.
② EW. 5：59.
③ LW. 7：234.

环境中的各种力量,由于这一自我与各种客观条件相分离,而且暂时在曾经的善和完满与希望以某种新的形式来恢复的善和完满之间摇摆不定。"①因此,对处于这种情境下的一个活生生的道德自我来说,道德学家本质上是在使"一个犯错误的灵魂,在模糊的过去所失去的天堂与朦胧的未来将重新获得的天堂之间毫无希望地游荡着"。② 那么如何才能改变这种情况呢? 杜威一针见血地指出"我们必须认识到在一个变化的世界中,无论旧的习惯之前如何好,它如何想继续有效,就必须进行修正。"③针对道德学家喜欢使用的约定俗成和默许(acquiesce),杜威写道:"现今,没有任何一种模式能够充分持久地提供任何为我们的默许提供些许稳定的东西,也不能从最终和无所不包的目的中得到任何材料。另一方面,这种不间断的变化使得默许就好像一系列的痉挛断断续续地发作一般,而其结果也是难以预测。在这种情境下,固定的和无所不包的目标就仅仅是不相关的梦想而已,默许也不再成为一种策略,而只能是自我否定。"④

以上所言,就是杜威认为现在在道德生活的实践中碰到的最严重的问题,因而,杜威很自然地要问:究竟是什么样的道德自我才能在保存道德整全(moral integrity)的情况下处理现代社会所面临的问题呢?

第一节　道德自我和道德情境

在心理学理论中,杜威反复批评的一个理论就是心理学是把自我从其环境中脱离开来进行分析、研究,因而自我的灵魂和精神

---

① MW. 14：40.

② MW. 14：40.

③ MW. 14：41

④ LW. 5：113.

都被认为是自足和封闭的,因而,从这个传统的心理学观点来看,自我也变成了自足和自闭的了,但是,在杜威看来,"在一个静止和有其终点的世界中,个人是没有价值的"。[①]与传统观点相反,杜威认为,如果没有过程(process),就不会有特殊性(particularity);并且,所有的特殊性中都渗透着变化。从这一点上讲,杜威和他之前主张个体、个性论的理论家们并没有大的不同,但杜威又加上了一点:他认为这种个体是不稳定的,是会消失的,"事实上,当个体出现之时,它就已经处于消散的边缘了。"[②]在杜威看来,我们对自我如何从经验中出现,以及如何对待自我都可以从这个角度进行。而之前的哲学家们关于自我的观念却都是从一个自我确定的自性(selfhood)出发,再推进到对其他个体的认知和承认,在杜威看来,正是在这种观念的影响下才产生了静止、孤立和封闭的自我。个体(individuality)这一概念对杜威来说意味的不是一,而是多:"[个体]这个总括性的术语让我们想到的是众多人性所具有的具体的关系、习惯、品性和权力的集合,并且是在共同的生活(associated life)中才能并界定的。"[③]人们在婴孩时期所具有的那些初步的、散乱的冲动,只有通过他们的社会依存以及交往中才能成为有用的能力(serviceable powers)。进而,杜威认为我们对"精神"(mind)一词的使用也存在同样的状况,因为"具体的精神只是我们的生物本能在同社会环境的相互作用中形成的一系列的信念、欲望和目的的体系。"[④]生物本能和社会影响都很重要,但杜威通过对儿童早期学习的研究指出只有在社会的刺激下,我们自然的遗传才能发挥作用,以至形成有意识的个体。因而,自我的多样

---

① MW. 7：239.

② LW. 1：119.

③ MW. 12：194.

④ MW. 14：3.

性是由我们的生物本能和多种多样的社会刺激共同形成的。

尽管杜威强调在自我形成过程中生物和社会条件的重要性，但杜威并不认为个体的社会性意味着人仅仅是文化的产物。事实上，杜威真正的要点是在社会和道德意义上的自我是被铸造出来的。他说："这实际上意味着在自我进行信念和行为的选择时，自我具有主动性、创造力和多种的才智可发挥。这中间并不存在任何天赋（gifts），只有通过充分利用这些条件所达成的成就。"①因此，当杜威主张个性、自我和主体只有在复杂的、有机的相互交往中才能最终发挥其功效时，他实际上是在向我们证明：现在，我们可以相信一种并非其本质在过去、现在、未来都不变的确定实体性的精神和自我。他在《学校与社会》中写道："现在，我们可以相信一种作为成长事物的精神，并且其能力和兴趣在不同时间段都会发生变化，表现出不同形态。但在生活的连续性的意义上，它们依然是一，但表现却截然不同，在每一个阶段，它都会有自己独特的主张和功用。"②所以，人的行为也不能在孤立的情况下得到描述，更遑论理解和解释了。此外，这也揭示出自我并非仅仅是社会情境中的创造物，自我也同时具有创造性，他可以创造出自己的关系和相互作用，而不满足于某一个固定的形态。因此，杜威认为一个成熟的自我对生活环境的反应有两种模式，被动和主动，这个区分容许我们在单纯的适应（accommodation）、主动的调节（active adaptation）和积极的调适（vital adjustment）之间做出区分，在仅仅对环境做出回应（reacting to the environment）和在环境中做出反应（responding within the environment）之间进行区分。这两种方式的区分也导致了一种积极的道德自我出现的可能性，一种可以改变世界的自我。在《教育百科辞典》中，杜威意识到人们经常

---

① MW. 12：191.

② MW. 1：72.

把 调 适（adjustment）、适 应（accommodation）以 及 调 节
（adaptation）当作同义词来使用。在那时（1911 年），他想对这些
词进行界定："生命的维持需要有机体适应（adaptation）它的环
境,但适应有两种方式:被动和主动。……事实上,几乎教育所有
的过程都被恰当地看作是确保个体最完整和最有效地适应他所处
的物质和道德环境的过程。"①而这样一种适应绝不能和被动的调
节所混淆,因为在一个不断进步的社会中,行动直接的范围是为了
确保个体的需要及其目的与其所处的环境相适应,而不是相反。
在 1923 年后,杜威又在《一个共同的信仰》中重新更加详尽地分析
了这些词。他认为有一些生活的情境是没办法简单就改变的,但
它们并不影响我们整个的生活,而"我们可以依照这些条件来修正
我们自己特殊的态度"。② 杜威举的例子是我们如何通过改变我
们自己来适应天气的变化,而这种适应实则是一种比较被动的方
式,相反,在其他场合中,我们还可以有其他的更积极的态度来应
对我们的环境,"我们反作用（re-act）于环境,并努力改变它们以适
应我们自己的需求和欲望……而不仅仅是使我们自己适应环境,
我们改变环境使它们更好地适应我们的目的和需求。这个过程就
被称为适应。……但是,在我们与我们生活于其中的世界的关系
中也有很多变化,并且这些变化更大、更深地影响着我们。它们不
仅仅是与具体环境相关联的具体欲求,它们整个就是属于我们自
身。因为它们涉及的范围如此之广,自我的修正就永无终结。它
持续在我们内在和外在环境的任何改变之中。尽管围绕着我们的
具体情境一直不断在变化,我们自身的多种要素却在构成中保持
其和谐,因而,在与我们的相互联系中,这些环境也被组织和整理。
这种态度包括一些屈服（submission）,但它是自愿的（voluntary）,

① MW. 6：364.
② LW. 9：12.

而不是外界强加的,并且作为自愿,它不是一种斯多亚式的解决方案,即在命运的摧残中保持一颗不动心。相反,它比这种态度更加进取,更加敏捷和开心的,它是比前者更主动的行为。正如我们将其称作自愿一样,它并不意味着要依靠一种特殊的决心或意志(volition),它是被理解为我们有机体的丰富性的意志(will)的改变,而不是意志任何特殊的改变。"①这就是杜威所理解的调适概念。正是从这个观点出发,杜威才能把自我看作具有改变世界的可能性,因为调适就是我们在态度上的一种一般性的和持久的改变。也正是态度上这样一种根本上改变的可能性,才使得道德得以可能。道德生活要求一个自愿的自我,而不仅仅是只能对其所处环境的诸多偶然性刺激产生反作用的自我。

这种自愿的道德自我,也可以从杜威《心理学中的反射弧的概念》一文中得到心理学上的验证。杜威通过孩童触摸蜡烛火焰这一例子来说明这个问题:"现在,如果看这个行为刺激起了另一个行为:接近,这是因为这两个行为处于更大的协调中,因为看见和触摸经常被绑在一起,并且彼此加强,彼此帮助,因而,这两个行为的每一个都应该被看作是一个更大的协调动作的从属行为。更具体地说,手碰蜡烛的能力,直接或者间接地既依赖视觉行为的刺激,也依赖视觉行为的控制。如果视觉既不抑制也不刺激手接近,那么后者就是一个纯粹悬而未决的行为,它可能是任何行为,也可能什么都不是。同样,接近这一行为同样刺激和控制视觉行为。当手臂进行其行为的时候,眼睛必须要注视着蜡烛,而不能够四处张望,那么手臂就会去做其他工作。换句话说,我们并没有扩大或转变协作,看的行为并不比之前少,但现在它是为了接触到其目标地看(seeing-for-reaching purposes)。"②在杜威看来,这个现实行

---

① LW. 9:12.
② EW. 5:98.

为的事例所揭示出的主旨就是：所谓的反应（response），并不仅仅是对刺激的反应，它可以说是改变（into）刺激的反应。所以，对杜威来说，最重要的是经验始终在重建和重构行动。

从这些观点，我们就可以更好地理解杜威所谓的道德自我了。自我是在时间中的存在，因而包括不确定性和偶然性，同时，自我也是世界不可预测的原因，因为自我孕育着新的发展，因而，主体（subjectivity）是一个不断重构的自我。自我精神的一个功能就是"实验和创新，并且直接重建事件（event）"，①在这个过程中，不只有事件的改变，还有自我的更新。正如杜威所言："旧的自我被放弃，而新的自我正在形成，并且其最终的形成取决于一场不可预见的冒险。在不放弃旧世界的情况下，没有人能发现一个新世界，同样，也没有人能发现一个如其事先保证能发现的新世界，甚至，当新世界出现在眼前时，发现它的人也不能肯定它能带给他什么。事实上，这是主观主义的夸大。只有通过确认标识已获得的对象，我们才能从自满的客观主义中走出来。只有那些并不害怕冒风险前行的人才能形成新的对象和成长成一个新的自我，他们必然要遭遇到他们之前已建立起来的确定的和封闭的世界不可避免的改变。自我偏见和倾向同理智进步的确认，标识着工具和目的不可摧毁的联盟。"②因此，人是艺术家和创新者，是新观念的塑造者和新真理的创造者。

因为在其道德哲学中，杜威将性格（character）定义为"习惯的渗透"（interpenetration of habits），因而，我们也很有必要分析一下自我的这个方面。杜威在《人性与行为》一书中，比较具体地处理了这个问题，他说："如果每一种习惯都孤立存在，并且不受其他习惯的影响或者不被其他习惯所影响，那么性格就不会存在。

---

① LW. 1：178.

② LW. 1：189.

即,行为就会缺乏统一性,而只不过是把对孤立的情形所做出的毫无关联的反应并置起来。但是,由于环境是重叠的,由于情形是连续的,而且,那些彼此之间相隔遥远的情形也包含着相似的要素,所以各种习惯之间连续不断地变更就会经常发生。一个人也许因一个表情或一种手势而出卖了他自己。性格通过个体行为的中介才能被理解。"①因而,尽管有许多不同的刺激为变化提供了可能,但因为习惯是作为一种调节、保存和联合的影响而起作用的时候,所以人的行为和性格都得以保持连续性和统一性。这也就是说,习惯塑造了自我的特殊性。它使我们和其他人得以区分,正是在这个意义上,自我就是我们的习惯。

杜威同时还认为习惯是人类行为的主要动因(mainspring),习惯的影响之所以是具有决定性的,乃在于人类行为最重要的一个特征就是它是被习得的,而学习的核心就是养成或创造某种性格。当然,习惯也是在共同体的互动和影响中形成的。因而,杜威认为:"所有的信仰当然是个人的事,但我们可以相信人是社会的。"②在自我同他人的相互影响中形成的习惯对刺激会产生一种积极的反应,这种习惯就被看作是"有组织的行为"(organized activities),并且这种习惯也是构成我们社会的经纬。如果自我在世界上是孤独的,那么杜威论证到他将永远也不能在道德真空中形成自己的习惯。因此,行为也永远是共享的,就其本性来说是社会的。正是从这个事实出发,我们可以得出结论:自我必然也是出于某个具体情境之后,其本性必然也是社会的。此外,既然习惯就其本性来说是社会的,那么当社会生活变得不那么稳定,不那么有组织的时候,我们社会性的习惯也自然会变得不那么有组织,尽管在其中也有一些习惯会变得格外严苛,会发生较少的改变。不

---

① MW. 14:29-30.
② MW. 3:100.

过,在杜威看来,就是这些较少发生变化的习惯尤其对个人追求幸福产生阻碍。这也是我们在道德生活中会越到种种难题,甚至是道德两难困境的原因。

尽管从通常的观点来看,习惯都被认为是行为不断重复出现的外在模式,因而它并不能代表真正的自我,正向我们把某些习惯称为"坏的习惯"一样,因为我们认为这些习惯在日常生活中阻碍了我们,比如我们通常说抽烟、酗酒、穿着邋遢是坏的习惯,但我们认为这些只是表象,并不能真正代表我们,因而要求别人不要仅仅从这些事情上来对我们进行判断,因为我们觉得我们"内在的自我"是好的,才是真正的我。但对杜威来说"习惯才最明显地触及到自我的结构。"①因为习惯表征了某些特定欲望的集合,是对某种特定刺激不断增强的反应,是对我们想要获得某些东西的能力的不断加强,换句话说,"习惯掩盖了欲望、意图、选择和气质这些使我们自愿行动的品质",②正是对这一点的忽略,是绝大多数的道德学家都忽视了道德生活的中心问题:如何通过行动来建立起习惯。正如杜威所指出的那样:"人的有机体的结构注定了习惯的形成,因为,不管我们是否意识到,我们的每一个行为都会影响到我们态度的修正,并因而直接与将来的行为相关联。"③由于人们拒绝面对这个事实,因而责任(responsibility)这一概念在无意形成的习惯中就慢慢消失了,而人们也就习惯于用"这个不是真正的我"这种话来为自己做借口,但是,在杜威看来,没有任何一个行动是外在于自我的性格的:"所有习惯都是情感,所有习惯都具有推动力,以及由许多特定行为所导致的倾向(predisposition)与模糊的、一般性的、有意识的选择相比,是我们自己之中的一个更为

---

① LW. 7:171.
② LW. 7:171.
③ LW. 2:334.

密切和根本的部分。所有的习惯都要求某种活动；而且它们就构成了自我。"①因而，在杜威看来，当我们像某个冲动（impulse）低头的时候，它不但造成了其后的一个特定行为，更重要的是，它加强了这个冲动的能力，并且，这个能力并非是孤立的，它还可能作用于其他的一连串行为，这就意味着，每一个行为都试图确认和加强对应的习惯，并且削弱其他的习惯。因此，在杜威看来，所有的行为以及它们的结果都会影响到我们的性格。所有的习惯都在我们的性格形成中起着作用，并且由于这些习惯是从社会情境中产生的，因而，如果我们要培养我们的"好习惯"以及形成"好个性"，我们就必须严肃对待我们现在和将来的社会。因为一个不稳定和动荡的社会不利于塑造出好的性格，也不利于塑造统一的道德自我。例如，一个在激进的世俗主义学校接受教育的学生，又去参加一个宗教色彩很浓的教会活动，同时还生活在一个权威主义式的家庭中，那么，在杜威看来，这种生活是很难培养出一个能够良好地适应社会的个体。因为，如果自我不能成功地将生活的各个领域联合成一个整体，那么这些相互区分和斗争的领域反而会对他的生活造成更大的阻碍，这也是为什么性格通常被看作是长期处于分离状态的原因。杜威还通过赌博的例子来说明在一个松散的社会中，会有许多相互冲突的价值，例如，有人可能会把它当作消遣的活动，而有人则是怀揣着发财梦，但对杜威来说，更重要的是，赌博这个行为也可以被看作是某种性格的特征"喜欢追求刺激，热衷于投机，并且不屑于那些严肃而稳定的工作"。② 所以，一个社会必须对任何单个行为所可能引起的好的或坏的结果都要保持警惕，因为每一个习惯都可能造成一个我们无法预料的期望。也是出于这个原因，我们必须要严肃地对待社会的结构，毕竟对个人而言，

---

① MW. 14：21.

② MW. 14：35.

在一个无组织和无计划的社会中,不可能期待有什么自我成就。

　　当然,尽管习惯是受社会的影响所形成的,但我们依然要考虑到在道德生活中那些"固定的习惯"(fixed habit)[①],这些固定的习惯可以帮助我们很方便快捷地处理日常生活中出现的问题,但有时它们也是相当顽固,因而会失去新鲜感和开放性。在这种情况下,杜威认为正确的说法并不是我们拥有这些习惯,而是这些习惯掌控着我们。因为这些习惯很难被改变或修正,它们也同样成为了我们重新塑造性格结构的困难之处。特别是这些习惯中的某些是从我们一生下来就开始了,在我们还是没有意识的婴孩的时候,有一些习惯就已经确定了,"婴孩的精神在生命的早期阶段就已经确定了,并且这些精神的确定会在其之后的生命中持续和控制他。"[②]此外,习惯自身也倾向于自我保存,因此,杜威在《人性与行为》中认为"人是具有习惯的存在物,是尊重他们所具有的习惯的存在物,除了习惯之外,没有什么别的东西能限制他们的想象力。习惯的本性是坚定自信的、持续的和自我永存的。"[③]因为,每一个行为都是朝向某一个目标,那么,当这个目的完成之后,有机体就会倾向于重复这个行为,而当行为变成某种一成不变的东西之时,习惯也就形成了。这种习惯虽然在某种程度上会为我们提供便利,但习惯模式的机械化也使得它们很容易变得病态,因为"常例的本质就是坚持它自身的连续性"[④],而当这种连续性受到阻碍或者冲突的时候,这种常例的习惯就会产生不安,并出于重建自我的目的而进行反抗。杜威认为思想上习惯的改变比其他习惯的改变更缓慢,事实上,杜威认为思想上的习惯是最顽固的习惯,因为当

① MW. 9：53 在杜威的使用中,固定的习惯是指那些习惯的拥有者每当有需要的时候,总是倾向于使用这些习惯来解决问题。

② MW. 9：306.

③ MW. 14：43.

④ MW. 14：54.

它们被修正的时候通常会产生的结果就是，所有旧有信条都会发生崩溃，"习惯的意见会被流动的、不稳定的以及偶然获得的意见所代替"。①

以上的这些分析就是杜威对自我的本性及其习惯的一些基本看法。而这些都是我们在一个道德情境中做出选择和抉择的重要方面。下面，我们将讨论什么是道德情境和道德行为。

我们在之前章节中对杜威道德哲学特别指出的一点就是，杜威极其强调道德情境，因为，如何判断一个行为是否为道德行为的根据就在于看它是否出现在特定的道德情境中。那么，我们首先就要问，是什么使一个情境变得具有道德意味了呢？ 在 1908 年版的《伦理学》中，杜威认为："有一些行动是由其达成目的之中的价值观念所激发的，这些行动并不在道德范畴内进行判断。尽管'行为是生命的四分之三'，但在某些意义上它包含更多：它就是全部（四分之四）。所有有意识的人类生活都与目的、选择、安排以及使用某种方法相关，这些方法在理智上、情感上和实践中也都和目的相关。它们共同构成了行为。但这并不意味着所有的行为都具有道德意义。"②在 1932 年版的《伦理学》中，杜威以一种更直接的方式讲出了这个意思："我们认为，如果所有的道德争论是与每一个行动相关联的这种看法是病态的，如果是这样的话，我们就要怀疑我们精神上是否有紊乱，至少在能力和抉择上有某些弱点。"③那么，我们就可以合理地问，在杜威看来，什么样的行动是非道德的呢？ 杜威并没有直接回答这个问题，而是通过一种曲折的方式进行了区分："关于什么时候提出道德争议，什么时候没有道德争议的知识是形成好的道德品性最明显的证据。这意味着对价值的敏

---

① LW. 2：337.
② MW. 5：190.
③ LW. 7：168.

感,而价值则是一个平衡人格的标志。毫无疑问,很多人是非常冷酷和粗心的,以至于他们并不经常提出道德争议。同时也存在另一种人,他们的人格是如此的不平衡,以至于他们沉溺于怀疑之中,因而妨碍或无力去行动。"①很明显,杜威在这里给出了一个模棱两可的答案,对一个行为是否是道德行为的判定,最终根据是它是否是由一个有良好道德品性的人所做出的!

　　更令我们迷惑的是,同样是在 1932 年版的《伦理学》中,杜威也说过:"每一个行动都具有潜在的道德意义",②这句话是否与他前面对道德行为和非道德行为的区分相矛盾呢? 在我看来,要想理解杜威的这句话,就必须先理解杜威的经验概念,或者说是他的"经验的形而上学"。所谓的形而上学,用杜威自己的话来说就是"对存在一般特性(generic traits)的认识",而这个所谓的"一般特性"则是指"具有特质的个性(qualitative individuality)及其持续的关系、偶然、需要、运动和阻碍",③正是由于这些对所有存在都普遍具有的特性,构成了我们的道德情境。杜威以开窗户为例说明了这一点:在日常生活中,开窗户这个行动并不是一个道德行动,但在我们持续的生命中,如果我们推开窗户的行动正好打到了某人,并因而影响到了他的健康,那么当我们考虑到这个被卷入的他者时,当我们考虑到开窗这个行动所造成后果的范围时,它就变成了一个道德行动。因而,杜威认为道德情境的本质必须被看作是关涉"习惯的相互修正"。④ 因为性格是思想和行动的统一体,因而这是区分道德和非道德最简单快速的方法。用"习惯的相互修正"来界定道德情境的本质就意味着我们总是在思考不同习惯之

---

① LW. 7：170.
② LW. 7：169,这句话同时在《人性与行为》中出现过,参看：LW. 14：73.
③ LW. 1：308.
④ MW. 14：30.

间的相互作用,但是,总是想要去"认识那些保护我们的习惯之间的相互关系"这种做法的确是错误的,因为"任何行为,哪怕是日常生活中最琐屑的行为,对习惯和性格来说都会使诸如有时要求从行为整体的角度来判断这样的后果成为必要的。"① 从中我们可以看出,杜威的立场并非是要求每一个行动都归属于道德审查,事实上,习惯的用处就是使我们从"道德上的无病呻吟"(moral valetudinarianism)和"自以为是的判断"(priggish posing)中解放出来。因此,从这个观点看,道德情境的一个重要特征就是它潜在于所有的行动之中,任何行动都可能具有道德意义。

当然,当道德情境被当作一个确定的问题提出来的时候,它就被当作是"在此情境中判断和选择要明显地先于行动"。② 在此,杜威提醒我们自我并非是习惯的集合体,他同样具有探究(inquire)的能力。正如杜威所说的,正确的行动是需要自我进行探究的,因为在成问题的道德情境中,之前确定的道德体系不会为我们提供满意的结果。决定正确行动的过程是不可能离开探究的,这就是杜威为什么认为:"因此,探究是必须的:它包括对情境构成的详细观察,对其各种因素的分析,对其不明之处的澄清,对明显和清晰特征的怀疑,追溯各种行动方式的结果,以及在预期或假定的结果与现实结果符合之前,考虑到我们所做决定的假设性和暂时性。这种探究就是理智(intelligence)。"③ 这也是道德情境的另一个特征,即:对探究的需要。这种探究并非是一套固定的规则以决定要去做哪些事情,而是一种分析的工具来帮助我们决定特殊事件的性质,它可以帮我们揭示出事物的现实和条件,并且告诉我们在这种情境下需要什么样的行动。因为道德生活是存在

---

① MW. 14:31.

② MW. 12:173.

③ MW. 12:173.

于不断变化的特殊事件中,而探究事实上是我们对我们手边的问题有所意识,所以没有任何一种之前的行为准规是必然合适的,这就需要理智去创造新的准则,这也是探究的特殊任务:"一方面,理论不能和所要完成的特殊事物相分离,……另一方面,它也不能期望事先就穷尽所有可能的情况而形成确定不变的规则。"①在杜威看来,因为生活是一个不断前行的事件,所以旧的准则迟早必然会失效,因而所有的规则都必须被看作是"探究和预测的方法,它需要通过事件来加以证实",②道德情境需求理智的存在,这也就是说,道德生活不过是连续和充满活力的重新适应,自我也必须不断修正、适应、扩展和改变他们的生活。

在其他地方(特别是《人性与行为》中),杜威也依据动机和后果之间不断出现的困境来描述道德情境。在这种描述中,杜威比较了康德和密尔的区别,杜威虽然对这两种观点都不满意,但他也没有完全排斥任何一种。事实上,杜威认为康德和密尔都只说出了事实的一方面,比如,意志的确是"结果的原因",但是"欲望和性情也同时是结果之为结果的原因",③因此,当我们依据动机和结果来考虑道德情境的时候,习惯性的行动通常表现的动机的性质,而结果通常都会确定一个行动的性质。因此,处于特定道德情境中的自我实际上是一个拥有社会习惯,并且具有探求能力的自我,他的行动也是有意识的。

在1908年版的《伦理学》中,杜威对道德情境的界定还涉及另外一个概念:自愿(voluntary)。杜威认为,如果行动的目的没有被偶然或者外界的事件所阻碍的话,那么自我这种有意识的行动就被称为是自愿的行动,而"无论道德情境是什么,它都包括自愿

---

① EW. 3:158.
② MW. 14:164.
③ MW. 14:34.

这一因素"。① 而杜威后面的解释则非常类似希腊哲人对道德行为的理解,他说:"自我必须知道他是什么,他必须对他要做的事情有一些概念,他必须不是一个梦游者,一个傻子或精神病,也不能是一个对自己要干什么完全没有概念的不成熟的孩童"。② 而在杜威来看,这些都是一个道德人格(moral personality)所应该具有的品质。

从上面的分析我们可以看出,对杜威来说,绝不存在什么单一的道德情境,道德情境必然总是复数的。而每一个道德情境都是一个独立的语境。因而,道德情境也必须从进化的角度来看,而每一个道德情境的特殊性也体现在连续出现的情境的运动之中。因为经验是转变和积累的,因而在将来我们会发现世界和自我无论是在质上还是在量上都会发生变化,而在这个不断的变化中,每一个情境或多或少都会是不相同的。因此,杜威才会说:"每一种真正的成就都不是结束了一件事情,并把它作为珠宝珍藏在一个盒子里以备未来沉思之用,而是使实际的情形变得更为复杂。它引起了能量的重新分配,而这些能量今后不得不以过去的经验没有给出明确指导的方式来加以运用。每一种原来的需要的重大满足都会创造出一种新的需要;而这种新的需要不得不进行实验性的探险以使它得到满足。从过去所经历过的事情这一方面来看,成就解决了一些问题。但从以后随之而来的事情这一方面来看,成就提出了新的难题,从而使未解决的因素变得更加复杂。认为"进化",即进步,意味着一定数量的成就,这些成就将永远作为完成了的事情而保留着,而且通过一种准确的数量而减少了仍然有待于完成之事的数量,从而一劳永逸地消除了恰恰是如此之多的困惑,

① MW.5:187,值得注意的是,在1932年版的《伦理学》中,杜威将自愿这一特征完全看作是道德行动的特征,而不再用其来界定道德情境。
② MW.5:187.

并促使我们在通往最终稳定而没有困惑的目标的路途中走得如此之远，在这种看法中多少有些可怜而幼稚的观念。"①正是这种不断进入到人类经验之中的变化才造成了道德行动在每个阶段不同的独特性。行动永远都是特殊的、具体的和个人化的，这就意味着关于行动的判断也必定是特殊的。因此，唯一可以应用的道德只能是那个随情境变化而变化的道德，所以道德永远不会完成（done），它只能是一个永远不断地重建。

　　但是，杜威在这里所主张的，绝不是一种社会进化论的道德，因为杜威认为社会进化论实际上误解了进化论的伦理意义："人们认为进化论的教条意味着现在的变化完全从属于一个未来的目标。它已经被曲解成一种无用的接近［目标］的教条，而不是宣扬一种当前成长的福音。这种新科学的使用权已经被那种认为有固定的和外在的目的的古老传统所把持。事实上，进化意味着变化的连续性；并意味着变化可以采取复杂性与相互作用的当前生长的形式这一事实。变化中的重大阶段不是在固定的实现的路途之中，而是在那些危机之中发现的，在那些危机中，一种表面上似乎是固定的习惯让位于一种被释放出来的而以前未曾起过作用的能力；有时，这就是调整与转变方向。"②在杜威看来，正是由于进化的观点没有被正确地利用，并且那些掌权之人固执地坚持静止世界的旧观点，所以才出现了许多不必要的道德难题，这也是许多道德学家的失败之处，他们拒绝把变化着的特殊性当作最基本的事实。

　　以上的分析，就是杜威如何看待社会自我，以及这个自我是如何遭遇到道德情境的。自我与其环境交互作用，由此而产生某种习惯，习惯的渗透使自我产生某种特定的性格，习惯的双向功能既

① MW. 14：197.

② MW. 14：196.

帮助我们方便快捷地应对环境，又使我们在环境的变化中遭遇到特定的道德难题，而为了解决这种道德难题，我们就不能用一种静止和固化的眼光去看待世界和自我，这就要求我们进行观察、分析、比较和澄清的探究活动，而这种探究就是自我的理智活动。

第二节　道德自我及其功能

道德自我的功能是从道德情境中生发出来的，它意味着我在每一个具体的情境中都是如何处理道德生活中出现的问题。因而，首要的问题就是，在不断变化的经验中，什么样的道德自我才能恰当地满足解决所有潜在的道德问题？很明显，依照我们上一节的分析，这种道德自我不可能是依赖外在的权威，也不可能提前就预知所有可能出现的道德情境。因而，这种道德自我只能是在恰当地解决每一个道德情境中的难题时被逐渐建构（structured）起来的。需要注意的是，杜威对道德自我的功能是当作一种理想来描述的，即是在想象中展现理想的道德自我，但是，这种理想型的描述并非是不切实际之谈，而是有其必然性，因为"整全的观念，无论是自我的整全还是世界的整全，都只是一个想象的观念，而非是一个精确的观念。"①此外，"自我总是指向超出其自身的某种东西，它自身的统一取决于不断变化的世界场景和想象的大全（我们

---

① LW. 9：14，关于"想象力"在杜威伦理学和美学中的重要作用，可以参看亚历山大（Thomas M. Alexander）的论文：Pragmatic Imagination（1990）和 *John Dewey and Pragmatic Imagination*：*beyond Putnam and Rorty toward a Postmodern Ethics* （1993）以及菲斯米尔（Steven Fesmire）的专著：*John Dewey and the Moral Imagination*：*Pragmatism in Ethics*（2003）。尤其是后者，从实用主义的观点详细讨论了杜威哲学中"想象力"这一概念所具有的伦理和美学意义，尤其侧重其在道德反思中的作用，以及如何依照审美和艺术创造的模式来构思道德行为。

称之为宇宙)相互整合的观念"。① 既然自我总是经验的中心与完善,并且自我的现实取决于在生活经验中相关的生活本性与运动,那么除非我们已经在想象中建构出了恰当的理想道德自我的观念,否则我们的道德生活就永远都会缺少统一性。

正如我们前面所分析的那样,作为一整套统一和整合好的习惯,自我可以很容易、很快捷地处理日常生活中碰到的问题,因为习惯将自我和确定的行为方式有序地捆绑在了一起,使我们对日常相似的事件感到熟悉,进而可以得心应手地处理它们。在这个意义上,只要我们的道德生活保持相对的稳定性,我们碰到难以解决的困难的可能性就会很小。但是,一旦我们的道德生活变得不那么稳定,甚至当其处于剧烈的变动中,社会也不是那么有序的时候,我们以往依赖的那些习惯就会变得混乱,在这种经验中,惯常的习惯就不再是我们解决道德问题的答案了,正如杜威在 1932 年版的《伦理学》中所写道的那样:"如果习惯失效了,那么唯一能替代无常和任性行动的就只有反思(reflection)了。关于我们应该做何种反思是与目的的形成紧密相关的。因而,在社会发生巨大变化之时,当诸多相互冲突的目标出现之际,反思并不局限于在依据情境所出现的多个目标中选择其中一个,思想(thinking)必须创造性地运转以形成新的目的。"② 即便有少部分人能够在世界发生急剧变化的过程中保持自己的安全和确定性,但是,因为传统的习惯已经不再适应整个情境的需要,这些少数人依然有义务(obligated)为新的情境做一些有创造性的事情,否则,对自我和社会不负责任(irresponsibility)之名就会加诸在他们头上。这乃是因为世界确实发生了变化,而在爱世界之中的人际关系也随之发生了变化,迟早我们都会被要求使用我们的理智。那么,为什么当

① LW. 9：14.
② LW. 7：185.

人被置于一个新的或未曾想过的情境之中时,不会直接想到这一点呢? 杜威认为,这是因为旧的理论尽管已经不适用了,但它们依然在发挥着功效。观念是理智的习惯,并且观念对习惯的依赖正像"行动依赖于我们有意识的思想和目的一样。"①因此,意识自身,无论它是被当作一种意识流(像詹姆士在《心理学》中所说的那样),还是一种精神状态,它都表现了习惯的各种功能,例如习惯的形成、运转、中断和重组等现象。但是,这并非全部,因为"习惯自身并不知道这些,它自己并没有停下来去思考、观察或回忆。冲动自身不会进行反思或沉思,它只是任其自便。就习惯自身来看,它则太有组织性、太坚定和太确定,以至于不需要投入探究或想象之中。"②因此,一个习惯越有效,它就会越加无意识地运行。而又因为习惯被看作是一种"理智的性情(intellectual disposition)"③,据此,杜威就很容易可以推出:"思想自身也是习惯于沿着特定方向行进,因而是一种特殊的活动(specialized occupation)"。④ 杜威这种对"理智的性情"的理解无疑是向大部分哲学体系对理性(reason)的使用敲响了丧钟。⑤ 但对杜威来说,这种对理智和习惯之间这种复杂的联系只是意味着人们可以被教导如何正确地思考,即,如何实际地使用理智的方法。如果理智是习惯的直接使用,那么在这种使用中自我、有目的的行动、思想和习惯就成为了一个统一体。正如《人性与行为》中所说的那样:"考虑到当习惯仅仅是重复无思想的行动的力量时,思想会怎样。当思想被排除在习惯性活动之外时,思想在哪里存在并起作用呢? 这种必然性

---

① MW. 14:26.

② MW. 14:124.

③ MW. 9:53.

④ LW. 2:335.

⑤ 正是在这个意义上,许多后现代哲学家认为杜威哲学中存在着一种浪漫主义哲学的倾向。

的思想难道不是被排除在有效的力量之外,难道不是被排除在控制客体和支配事件的能力之外吗? 被剥夺了思想的习惯和空洞的思想是同一事实的两个方面。"①对杜威来说,判断的习惯、推理的习惯与掌控工具的习惯、绘画的习惯或进行试验的习惯具有同等的真理性。这就是为什么所谓的在行为中欲望和理性的冲突可以被取消,因为"合理性(reasonableness)实际上不是与欲望相对立的东西,而是各种欲望之间有效关系的一种属性。"②那么,这种立场在道德生活中又意味着什么呢?

在杜威看来,最基本的事实就是:"人是一种在行动中对环境的刺激做出反应的存在物"。③ 但是自我与世界的这种主动性的关系必须有机地来理解,因为杜威反对传统心理学中的刺激—机体—反应模式(即所谓的 S－O－R 模式)。因为理智是习惯以一种理性的方式在运作,因而,知识也就变成了行动的一种形式。理性只是组织习惯的一种方式,作为主动理智的道德自我在每一个行动开始之时就已经参与其中了。理智和习惯在道德生活中也以这种同样的方式起作用。从这个角度看的话,自我从来就没有远离过道德生活,因而那些造成道德困境的理论和实践之间的分离,精神和肉体之间的分离,知者与行动者之间的分离都不再成立。杜威坚信正是这种种分离造成了我们的道德困境,因而解决这些困境也就有赖于认识存在于行为中的知识和判断的恰当位置,而要想做到这一点,则要理解思想的心理学。另一方面,杜威认为造成道德困境的这种二元论还是由于我们否认精神和自然的连续性,并将理智的性情从具体事件中孤立。杜威认为亚里士多德是这种区分的肇始者,认为认知与行动两者之间没有内在的关联。

---

① MW. 14：49.

② MW. 14：135.

③ MW. 14：139.

理性也被当作一种先验之物,而良心则被看作是在道德生活中独立于教育和社会影响的真理提供者。而在杜威看来,这些观点都"自然而然地源于没有认识到,所有的认知、判断与信念都代表着一种后天获得的结果,而这一结果是与环境相关的自然冲动所导致的。"①从中杜威再次确认了认知只是行动的一种形式,或者说是有目的地组织自我习惯的一种形式。而以往哲学过高地抬升理性和认知,贬低欲望和情感的做法不是提升了理性,而是使理性成为一种纯粹的先验形式,乃至消灭了它的对象。事实上,理智把欲望转变为计划,即,转变为以收集事实为基础的系统计划,按照事实发生时的样子来描述它们,并关注和分析这些事实,而在这个过程中,欲望也不再是纯粹的冲动,而是一种认识目标的冲动,因而欲望在其自身之中就包括了思想。这也是为什么杜威会认为"火热的情感和冰冷的理智的区分,是最大的道德悲剧。"②那么,杜威所认为的完整的道德经验是什么样子的呢?杜威模仿康德的语句说:"理论离开具体的行动则空,具体的实践离开理论则盲。"③因为离开了理论的实践仅仅是凭借机运去行动,根本不知道它们是如何发生的,也不明白如何才能保持它们,而离开了实践的理论则只能成为那些社会上通行习惯的称述和证明。这两种态度都无法在复杂的情境中触及真正的问题,因为我们真正需要解决的问题是重建的问题,是"理智如何贯通行动,在行动中如何增加洞见产生意义。"④因此,当我们说某个道德经验是真的时候,这意味着我们可以将这个道德称述应用到每一个探究之中,即,道德自我作为求知的过程贯穿于我们生活的每一个时刻。理性和道德原则不能

---

① MW. 14：130.

② MW. 14：176.

③ LW. 4：225.

④ LW. 4：224 - 225.

落后于生命的过程,因为它们是从这个过程中产生,并且又再次进入这个过程中。"理性从来不是对已存事实的镜面反射,它有其特殊的任务。"①因此,杜威坚持认为知识和理智的运用都是行为的模式,并且"行为真的产生影响,真的有价值,真的在重建;通过这些行动,行为事实上修正了实在(Reality),进入了它自己固有的演进过程。"②因此,道德自我在理智的范围内要承担其所应负的巨大责任。而无论是在自我个人的生活中,还是在社会持续不断地重构中,负责任的个体要么利用或检验理智的习惯,要么就只能依靠善变和偶然的机运了。而在这两者之间,选择哪一个也是一目了然的:"在塑造那些引导我们行为的价值观念和信念之时,如果价值理论不能为我们提供理智的帮助,那么这个缺口就必须用其他手段来填充。如果缺少理智的方法,那么偏见、直接环境的压力、自我利益和阶级利益、传统的习俗、历史中偶然出现的制度就会替代理智的作用。"③所以,作为理智的道德自我并不能只在行动中承担被动的角色,因为自我不会仅仅满足眼下的善好(goods),个人和集体只有在行为中进行严肃地探究,才能为我们带来新的善好。而这种新的善好的出现则要求自我主动运用理智,因此,"尽管在出于审度(deliberation)和选择性的行动与出于冲动和直接习惯的行动进行区分是愚蠢的,但我们却可以说只有审度的行动,只有反思性选择的行为,才尤其是道德的。因为只有在这时才开始出现较好与较坏的问题。"④因此,真正的对立并不是理性和习惯,而是非理智的习惯和理智的习惯的对立。

---

① MW.3：318.杜威在此处用镜像的比喻特别针对的是德国观念论哲学家,这个比喻无疑给了罗蒂以灵感,罗蒂将这个传统哲学都看作是一种镜像哲学。这个比喻最早还可以向上追溯到培根的《新工具》(*New Organon*)1.41。

② MW.3：318.

③ LW.4：211.

④ MW.14：193.

　　审度涉及对未来情境的考量,而偶然性则是未来情境必不可少的特征,因此,审度的过程实际上就是一个不断探究和实践的过程。正如杜威所言:"即使是那些产生最重大选择的、最全面的审度,也不过是确定了一种倾向,而这一倾向在新的未预料到的条件下不得不被连续地运用,并且被未来的审度重新改变。我们原有的习惯与倾向总是把我们带入新的领域。我们不得不总是了解和重新了解我们活动趋向的意义。"①因而,审度的意义就是为我们提供一种想象的远见来保证我们行动的意义。从一种教育学的观点来看,杜威意识到,最紧迫的问题之一就是如何保持理智的主动性和生命力。自我在面对变化之时,总是会产生恐惧,使自我本能的热情和对新事物的热爱都迅速消褪,并且倾向于依靠过去的成就,但真正的道德自我绝非注定要停留于此,相反,道德总是会出现新的问题,而想依靠这种旧成就来解决新出现的道德问题则注定要失败。而道德教育的目的就是为了避免这种失败,使我们的道德经验得以稳步地增长,毕竟"只有在一个保证理智得到充分运用的环境中,构成习惯的过程才能消除这种倾向。"②

　　在杜威自传性的文章《从绝对主义到实验主义》一文中,他坦承终其一生他努力想要做到的就是"构建一种逻辑,即,一种有效的探究方法,这种方法无需以连续性的断裂为代价就可以应用到道德和科学之上;这种方法既可以满足我们对理论能力的要求,又可以供我们实践之需。"③这显示杜威想将逻辑、科学方法论、哲学和价值理论结合成一个有机整体的努力。这在杜威讨论道德自我之时,也可以看得很清楚。

　　从杜威的观点来看,社会事件是自我以及所处的文化情境相

---

① MW.14:144.
② MW.9:54.
③ LW.5:156.

互作用而自然产生的结果。关于这种相互作用,杜威问了一个基本的问题:"我们最想要的是哪一种社会结果?"①要回答这个问题就要求做出决定,选择或者说审度;换句话说,就是需要理智。但杜威提醒我们要注意,理智并非一剂万能药,我们要小心它的用法:"审度的职责不是通过计算出在何处获得最大的益处而给行为提供一种诱因。它是要解决现存活动中的纠纷,要恢复连续性,要重现和谐,要使松散的冲动变得有用,并要改变习惯。观察现在的条件和回忆先前的情形都是为了这个目的。审度开始于受到阻碍的活动,但以选择一种可以改正那一活动的行动路线而结束。同一位在戏剧中从事演出的演员就像一位在他的账目中记录借方与贷方的职员相比,审度并不更像是对利润与损失、快乐与痛苦的数量的叠加。"②杜威认为是功利主义哲学降低了审度和理智行为的意义,因为功利主义将审度看作是以行动的路线导致的利润与损失为基础来计算行动的路线。他们也将这种观点用于道德判断之上,试图将感觉而不是将习惯和冲动作为道德知识的起源,这种错误之所以会出现,是因为他们将判断的基础置于"善与恶的判断就是对令人愉快的后果与令人不快的后果以及利润与损失的计算。"③杜威相信,功利主义的这种对道德的看法将会使道德降低到权宜的境地。

　　在《作为政治的教育》(*Education as Politics*)一文中,杜威谈到了在道德生活中,为什么理智没有得到合理的利用。他严厉地批判了教育不仅"没有产生有识别力的理智,将其作为反对胡话(特别是那些社会和政治的胡话,它们是所有胡话中最危险的形

---

① LW.13:184.

② MW.14:139.

③ MW.14:132.

式）入侵的护卫者，反而使它们被热情地接受了"。^① 面对传统教育者的无能和教育的失败，杜威认为，如果我们想培养出真正有识别力的精神，那么教师们就应该"培养一种悬置判断的习惯，一种怀疑主义的习惯，一种渴求证据的习惯，一种乐于观察的习惯，而不是诉诸于情感，乐于讨论而不是心存偏见，乐于探究而不是接受传统的理想之物。只有当教育者做到了这些，学校才可能成为人类文明危险的前哨站。同时，这也使学校成为最有趣的地方。因为它将教育和政治当作同一件事情，事实上，政治不得不变得像其现在所假装的那样：是对社会事务的理智管理。"^②

因而，理智在行为中合适的地位被看作是超越了功利主义者的权宜，超越了对固定和最终真理的探求，将自我从传统的禁锢中解放出来，并且为社会的重建这一目的而服务。这也是为什么杜威会将理智称作"人之中最宝贵的东西"^③，是自我和社会转变最可靠和安全的工具。因为，除非道德自我是作为一个主动的理智而履行其功能，否则自我和社会都将没有什么意义。

在前面的章节，我们描述了杜威关于道德自我功能看法中的两点：恰当的习惯以及主动的理智。在这两个功能中，我们看到道德自我都不会满足被动的反应：关于道德自我的习惯，它比对外界刺激的反应所涵盖的要多，关于道德自我的理智，它不仅仅是为了了解事物。通过对这两个功能的分析，我们现在就可以来看道德自我的第三个功能：性格的形成。

对杜威来说，性格永远都不是静止的，而是永远处于生成的过程。从传统的观点来看，杜威似乎被迫对永远都处于进化发展过程中的行动给予了一种典型的解释。在任何对道德自我的解释

---

① MW.13：331.

② MW.13：333.

③ MW.15：45.

中，似乎充分的生长，良好的调节以及具备自我意识的个体都是必不可少的。但在杜威的处理中，真正重要的并不是关于个人发展的某个特定阶段。正像他所言："坏人是那些善不再增长，开始变坏的人，而不管他之前有多好；而好人则是不断变得更好的人，而不管他之前的道德多么令人钦佩。"①因此，对杜威来说，性格是在生成过程中必须依据生长和运动来理解的所有用来描述道德自我的德性和恶。杜威说："诚实、勤劳、节制（temperance）以及正义就像健康、财富和学习一样，如果作为固定的目标，虽然好像可以被占有，但实则并非可以被占有。它们是在经验性质中的变化方向。"②因此，对道德自我这个功能的理解，必须时时考虑到这个重要的性质。

我们在前面已经分析过了，性格的形成过程不可能离开行为的社会维度。自我就是其习惯，而习惯则是在社会环境中形成的。但这个事实绝不意味着我们仅仅是文化的产物。相反，杜威所描述的是我们生存的状态和道德发展的条件。他假定我们的生命是从欲望和冲动的影响下开始的，并且或多或少是对就近刺激的直接反应。我们有冷和热的经验，有舒适和痛苦的经验，在最开始，这些刺激仅仅是短暂地来了又走。之后，在社会趋势的指引下，这些经验才同意义相联接。例如，对所有的父母来说都很熟悉的，饥饿的小孩就会不顾一切地抓取食物这一行为，杜威认为："对这个小孩来说，这个行动是天真的和自然的。但他的这个行为为自己带来的只有斥责，他被告知这是不礼貌的，是自私的和贪婪的行为，他应该等到轮到自己或者自己被服务的那时才可以吃。这个孩子就会意识到他的这个行动不仅是他认为的那样一个单纯满足

---

① MW.12：180，杜威的这个看法，又使我们想到了亚里士多德在《尼各马可伦理学》中所言：在一个人未死之前，我们绝不能对其盖棺定论。

② MW.12：181.

饥饿感的行动,而是与其他的东西相关联的,这样,他就学会了将一个单个的行动不再看作是孤单的,而是在一个链条上相互关联的行动。因此,许多不相关联行动的接续就逐渐地形成了一种系列的观念,一种关于行为本质的观念。"①很清楚,我们是在不断受他人影响下生活的,因而我们形成什么样的性格也是取决于我们所参与活动的情境。杜威说:"无论我们是买或卖物品,或者是给别人借钱还是投资债券,去看医生或者咨询律师,听取或拒绝朋友的意见,恋爱和结婚,这些最终的结果都与我们的性格有关。"②自我并不是那种可以和社会和交往相孤立的存在,这也是杜威用以构建他的道德哲学的一块很重要的基石。对我们存在于其中的社会行为方式的认识提出了一个古典哲学(特别是柏拉图)所关心的问题:德性是否可教。杜威对这个问题的回答则是:这取决于我们如何理解教授德性,如果教授德性意味着发展出一种恰当的习惯,那么德性很显然是可教的;如果教授德性意味着通过口头灌输的方式讲授德性,那么这显然不是一种有效的修正行为的方式。对于后一种口头灌输的方式,杜威早在1896年的时候就认为对自我过多的道德灌输是有害的,因为这种方式强调的是关注自我的内心生活,因而并不能使个人认真地去分析他们的道德生活,自然也无法发展出一恰当的道德行为准则。因此,在杜威给布莱恩特夫人(Mrs. S. Bryant)《性格研究》(*Studies in Character*)的书评中就批评了她的这种倾向:"过分强调了无论是对自我还是其他人的那种个人的、就近的或直接的行动,而没有通过工作和行动中行为的意蕴来分析行为。"③同样的观点在1917年杜威参加全美心理学协会的发言中也可以看到:"社会心理学(social psychology)不

---

① LW. 7. 169.
② LW. 7:176.
③ EW. 5:351.

发达的主要原因是因为我们把太多的努力都放在了对内省的心理学的研究之上。"①而我们真正需要确实超越这个单纯的对狭隘的内在情感和兴趣的关注,拓宽我们对道德生活的理解和兴趣,只有这样,我们才能以一种新的方式来理解社会生活,也唯有这样,道德的发展才能产生积极的成果。在《教育中的道德原则》一文中,杜威写道:"正常的儿童所要求的不是孤立的道德灌输,不是对真理和诚实重要性的强调,也不是那些从特殊的爱国主义行为中产生的仁慈结果等等。儿童所需要的是要养成一种社会想象力和社会概念"。② 从中我们可以看出,杜威所说的这种德性的可教性意味着最有效的教育方式就是在现实存在的情境中对其进行教育。在这个过程中,每一种能吸引儿童积极行动的方式都是对其能力的培养和创造,这就为他们从以自我为中心转向服务社会提供了机会。因此,甚至是在教育的设定之中,这种对确定主体的研究也是无关乎道德的。以此为依据,杜威区分了两种学习方式:第一种是"学习狭隘和无意义的课程",另一种则是"发展出一种有活力的社会精神和方法来吸引儿童赞同合作而非排外和竞争。"③只有通过后一种教育,儿童才能学会去理解和尊重其所处的社会情境,才能学到什么是道德价值,也只有如此,他们才会意识到和承担其一系列行为的结果。因此,对杜威来说,性格并不是从某种意外中出现的,而是有机体自身能力的有效成长。此外,正是由于杜威将生活中的一切行为都看作是有效培养儿童道德行为的情境,因而,在他看来,也就不存在任何非道德(amoral)的教育,因为"学习被看作是使儿童认识到行动的社会性的一种方式,它不仅为物质生

---

① MW. 10：58.

② EW. 5：72.

③ MW. 4：213.

活的选择,而且也为价值判断的选择提供了一个标准。"①

从上面这段分析中,我们也可以看出杜威道德哲学的另外一个特点,即,不论我们可以举出多少种善或者恶,杜威认为我们永远不能穷尽它们,在这个意义上,杜威反对列出任何一种德性表。这一点和古典哲学也构成了鲜明的对比。在古典哲学家看来,如果一个人拥有诚实、真诚、勤劳、节制以及其他所有的德性,那么他就不可能是个不道德的人。但在杜威看来,无论长短,我们永远不可能列出一种完整的德性表。因此,重要的不是我们是否为每一个恶行所忏悔,并幡然悔悟,真正的道德问题是我们在未来期盼形成的是哪一种道德自我,这种道德自我是否可以在保持其完整的情况下满足新情境的需要。因此,我们很难说道德自我的性格中哪一种品质才是最重要,即便我们都知道性格坚毅之人和性格灵活多变之人的区别。

那么,杜威是如何看待这种道德自我的统一和有德性的生活之间的本质联系呢?这是我们接下来要考察的内容。在《伦理学研究》(Study of Ethics)和《纲要》中,杜威将德性的概念看作是:"自我的全部,完全和确定地展示了行动中的主体,……诸种不同的德性在本质上标识出了行动的不同阶段。"②杜威通过对哲学史的梳理,认为柏拉图首先提出了主要德性的概念,在《理想国》中,柏拉图把智慧、节制、勇气和正义看作是四个最主要的德性。从一定意义上来说,杜威赞成柏拉图的这种努力,③例如,他赞同把智慧看作是"考虑特定行动结果及其关系的习惯;自我依据其自身来

---

① MW4:279.

② EW.4:353.

③ 在德性问题上,在古典哲学家和基督教神学之间,杜威更倾向于古典哲学家对德性的理解。他批评基督教神学将德性对德性神圣性和内在性的理解,具体的讨论可以参看后面。

解释它,把它看作是具体的而非抽象的。"①此外,当智慧同节制相关联的时候,智慧协助节制来制约盲目的冲动和习惯。但是,杜威赋予了这些主要德性更宽广的意义解释。特别是杜威认为一些次要德性,例如思想的连续性、专注力、真诚等等都是主要德性的具化,因此,在培养行为的过程中忽略这些次要德性是非常愚蠢的。因为道德的中心主题是如何将自我构成一个受约束的、统一的整体。当道德自我完成整合之时,主要德性意味着性格的普遍结构,"那些主要德性在某种程度上塑造了完整的人。"②

总之,在杜威看来,性格必须根植活生生的道德自我,即,性格是一个人真正有德性地生活的习惯。

第三节　道德自我的发展及其条件

在前面的章节中,我们的主要目的是为了了解道德自我,我们展示了自我是如何从社会中出现的,社会自我是如何浮现在道德情境中的,以及如何依照理智和性格来理解道德自我的功能。在我们的叙述中,我们在某些地方已经接触到了道德自我的发展。例如,道德生活包括了发展恰当的习惯,并且在我们学习准时、精确和完整的解决问题时,自我同时在这些日常生活中塑造了自己的性格。因而,自我并非是静止的和固定不变的,相应地,在道德生活中也就应该有某些特定的条件才能使道德自我不断发展。在这章中,我们的目的就是要更加全面地讨论道德自我发展的条件。

1. 道德生活的的第一个条件：对不断变化的人性的信念

道德自我发展的第一个条件依赖于这样一种信念：个人的命运并非是提前决定好的,人性是可以变化的,否则道德生活就根本不

① EW. 4：353.
② EW. 3：386.

可能。需要注意的是,人性是可变的这个命题并非是一种人类学意义上的观察,而是一种道德上的断言,即,我们可以把它当作是一种信念。只有在这种信念下,我们才能说自我是可以被改变、教育和发展的。但是,在杜威看来,把人性看作是固定不变的这种观点具有很长的历史,而且非常有影响力,但他依然认为这种观点更多的是依赖一种道德上的不完全,而不是一种科学事实,在他看来,一个真正的道德社会必须对人性是可变的这个信念保持充分的自信。那种认为人性是固定不变的观点乃是由于以下几种原因造成的:

原因之一就是有一些人"希望证明他们比其他人能够更好地行使权威。"①在这种情形下,杜威注意到这种观念和人性不变观点的结合并不是出于一种心理学上的研究,而是出于政治上的伪装,并且"这些诸多对人性可变观念的阻碍是由于制度的惰性和特权阶级希望能够保持他们已有的地位这样一种主动的欲望"。②许多人论证社会和道德改革之所以是不可能的基础就是认为人类与生俱来的本性是永远都保持不变的。③但对杜威来说,那些属于真理的永恒性和惯性都是在习俗中获得的,更进一步,杜威犀利地指出:"我们不断退回到人性固定不可变这种观点的倾向……恰恰证明了人的精神及其行动都是处于习惯这无所不在的网络之中。这种倾向最明显的一个例子就是那些从已存习俗中获得单方面优势的人可以利用这种强势来使那些处于习俗不利地位的人屈从他们"。④与这种旧的、已完成的自我相对的,是杜威在 1932 年版《伦理学》中提出来的一种新的、运动的动态自我:"习惯给我们一种能力,就是我们总是倾向于依靠我们已经取得的成就。这是

---

① LW. 13：83.
② LW. 6：38.
③ 在这个地方,杜威特别指出亚里士多德对古希腊奴隶制的辩护就是从这一基点出发的。
④ LW. 14：259.

最容易的方法,它使我们在一连串的行动中感觉就像回到了家般的舒适,因为这些行动是在我们已经建立和掌握的习惯的轨道上运行。因此,这个旧的、习惯性的自我就很容易被当作是真正的自我。如果出现了一些我们不了解和厌恶的新情境和新需求,我们就会对从这种新条件中产生的观念感到不自然,我们就会排斥这些新的观念进入我们的习惯中,我们会设法躲避这种新的责任。我们更亲睐于旧的自我,并且将它当作是我们永恒的评价标准和行动目的。通过这种方法,我们从现实的情境和它们的要求以及机运中抽身出来,我们塑造了自我,并使其变得坚硬。"①因此,这种从已经确定的自我中产生的固定不变的自我的观念只会变得越来越坚不可摧。

　　这种静止的固定的人性观念出现的另一个原因乃是由于一种过度简化的还原论的观点。关于这一点,杜威说人通常被看作是"一堆确定的、基本的本能的集合,这些本能可以被列举和分类,并完全可以被逐一地描述。理论家们仅仅是或主要是在它们的数量和等级上持有不同意见。"②因此,就像有些理论家把人类行为的基本动机划分为恐惧、仁爱和自爱三种,并且认为它们又基于自我内在的贪婪,对荣誉的热爱之上等等。杜威通过对在社会中的人(man-in-society)的分析批判了这种将行动过分简化的还原论的观点。他提醒我们注意那些被看作所谓的人类"自然构成"部分的本能和冲动事实上"是我们在与周遭环境,特别是社会环境的交互作用之中产生的"。③ 因而,将这种本能和冲动看作是我们产生行动的"单独力量",④只能是一种无能和懒惰的行为。事实上,杜威

①　LW. 7：306 - 307.

②　LW. 14：92.

③　LW. 3：990.

④　这里的"独立力量"(single forces)是杜威对以往心理学攻击的一个重要方面。可以参看《人性与行为》和《心理学》中的相关章节。

举例说饥饿感和性需要的真实内容和感觉都是依据它们多样的社会情境才能被界定的。也是出于这个原因,杜威批评了现代的心理分析学者们,"通常的男性大谈女性心理学,就好像他们所研究是柏拉图主义的宇宙实体一般。"①在杜威看来,这种对人的错误理解是很清楚的:因为它是建立在这样一种信念之上的,即自我的固定化和简单化,所以人们的行为也就被还原为自爱或者荣誉,这与神学家提出的灵魂的完善和统一的教条如出一辙。关于人性的一种更真实的理解则会容许"浪漫的爱"类似现象的出现,当前存在着的浪漫之爱,以及由它所引起的一切不同的心神不宁,都是特定历史条件的一种印迹,这一点和带有涡轮机、内燃机和电力发动机的大型战舰的产生没什么差别。更好的心理学家会赞同"任何自我都有能力在其自身之内包括许多不一致的自我以及许多相冲突的性情,"②这也是为什么即便是尼禄也偶尔能够做出仁慈的行为。此外,杜威坚持认为:"永远不可能存在着两次相同的有机体的总体状态,正如饥饿感和性需求事实上也从来没有出现过两次相似。"③从中,杜威就推出自我的两个特点:流动性和多样性。因为"在行为后面根本就不存在一个已经完成的自我,有的只是复杂、易变的和相互对立的态度、习惯和冲动,它们逐渐达成一致,并且表现出了某种特定的外貌。"④

　　人性可塑的结论可以从对过去发生事件的回顾中产生。在历史中,我们看到了奴隶制度的废除,女性平权运动,阶级和等级制社会的消失,这一切都说明了人性的可变和可塑性。正如杜威所说的:"如果我们考虑整个人类历史提供的关于人类习惯改变的

---

① LW. 14:106.
② LW. 14:96.
③ LW. 14:105.
④ LW. 14:96.

记录,考虑到我们从原始人的野蛮状态过渡到现今所发生的每一个改变,考虑到我们前行的每一个脚步都是对过去相反习惯的克服,那么现在人性永不可变的根据就会失效。"①

通过以上的分析,我们就能更好地理解为什么杜威坚持如果我们想建立一种更富成果,更有责任的人性观的话,它就必然是依赖于人性可变的这一信念。这里有两点需要注意:A. 杜威虽然主张人性可变,但这个观点是为了方便我们更好地探究自我。因此,杜威认为那些采纳了这个观点并将其推向极端,认为对年轻人的教育就像"依据现有的设计融化玻璃"一样,杜威认为这种观点也是一种曲解,因为他所为的可塑性意味着"改变之前流行风俗的能力"。② 因此,那些认为自己有能力塑造别人的人实际上又返回到了权威主义,另有一些人则通过宣扬自己比年轻人更有经验和能力来诱惑年轻人服从自己,这与杜威所主张的人性可塑性的目的也是相悖的。B. 第二个要注意的地方则是与杜威对格林"自我实现"概念的不满相关。格林认为道德的任务就是要实现理想的自我,就像在很远的未来已经存在着这样一个静态的自我。杜威认为,将人性看作是对自我的这样一种实现,将会导致将自我的概念当作是一种伦理理想。因此,自我的观念就被假定为是有一个固定的计划,而我们只是在填充和实现这个计划。与这种对自我的理解相对,杜威坚持认为"自我的确认和实现永远都是具体和特殊的行为"。③ 这种理解与杜威后期对人的本性的理解相一致。自我实现并不是那种一劳永逸的被揭示出来的简单事物,因为如果自我实现是这样的一种理想的话,那么自由也就失去了其基础。因此,对杜威来说,任何的道德生活都需要这样一种前提:人性真

① LW. 14:258.
② LW. 14:46.
③ EW. 4.43.

的是可变的,因为自由,在其实践和道德的意义上是"与成长的可能性,性格的学习的修正相关联的。"①

此外,在杜威对人性的分析中,关于社会变革,他认为存在着两个不同的学派。其中一个学派认为,道德产生于内在的自由,即,对人们来说,改变制度的唯一方法就是"净化他们自己的心灵,当这种净化完成的时候,制度的改变也自然会随之水到渠成。"②另一个学派则主张:"人们是通过环境的外力所改变的,人性是受其影响的,除非制度发生了改变,否则任何变化都不会发生。"③杜威自己则对这两种理论都很不满意,因为前者只是简单地诉诸于内在的正直和改变,后者则将我们抛回环境和历史的偶然之中。杜威认为,除了这两种方法之外,我们还可以找到另一种替代的方法:"我们能够认识到所有行为都是人性的要素与自然的和社会的环境之间的相互作用。由此,我们能够看到进步以两种方式前进,将看到自由在那种相互作用中被发现,而这种相互作用维持着一种人的欲望与选择被认为是有价值的环境。"④杜威的这个替代性的建议旨在沟通这两种相互对立理论之间的鸿沟。人生活在社会中,但他同样是有能力的行动者。"是不断成长、扩展和解放的自我,这种自我能够满足新的需求和新场景的要求,在这个过程中,自我不断重新调整和重新塑自己。"⑤这是一幅在变动中的人的画面,也是人愿意追求"从未尝试过的情境"的原因。只有当发展被看作是一种迟早会停止的运动的时候,我们才会愿意接受一种固定的,先在的和完成的自我概念。因为:"每一个活生生的自我都会造成行动,并且反过来会被他的行动所造成的结果影

① LW. 7：305.
② MW. 14：9.
③ MW. 14：9.
④ MW. 14：9－10.
⑤ LW. 7：307.

响,……[这意味着]所有自愿的行为都是自我的一种重塑,因为它创造了新的欲望,产生了努力的新模式,带来了那些会构成新目标的新场景。"①因此,杜威认为在最严格的意义上,"自我永远都不可能停止,它永远都是变化,无论是变得更好还是更坏。"②我们所真正需要的(特别是在教育中)就是"一种对那些能够有效运用的道德原则存在的真正信念",③而为了能产生这种信念,反过来又要求一种真正的对"人性潜能的信念。"④杜威在这里所指出的主要观点就是,我们关于人性之可变的信念,并不是出于心理学或人类学的研究,而是出于一种道德必然性的要求。杜威坚持认为,只有我们相信这样一种信念:"当人性从专断的限制中解放出来,当人性被当作其自身看待的时候,它将倾向于产生一个能够成功运行的民主制度。……并且,民主意味着人性的文化应当普及,而且这是一个道德上的观点,就像任何关于应该做什么的观点一样。"⑤因此,这种对人性可变的信念就变成了道德生活其他条件的基础。

2. 道德生活的第二个条件:对情境的控制

在 1922 年的《人性与行为》一书中,杜威抱怨说:"除了责备、赞扬、规劝与惩罚这些粗鲁的方式外,我们没有可靠的培养性格的方法。"因为道德哲学家们在科学方法的价值这一问题上不能达成一致,因而也没有能够发展出一套有效的道德控制的方法。在道德理论中有存在着众多的意见,它们唯一的共同点就是忽视社会环境。而杜威所关心的中心问题就是我们能否用一种科学的方法

---

① LW. 7：306.

② LW. 7：306.

③ MW. 4：291.

④ LW. 13：153.

⑤ LW. 13：151.

来"塑造人类的欲望和目的"。① 很明显,在人类的诸多领域中都缺少科学控制。例如,在教育领域,杜威在《作为宗教的教育》一文中认为:"我们的教育过程依然是充满了偶然性的,除非我们能够分析家庭和学校所培养的产物,以便将特定的责任指派给诸种环境和力量,因为正是这些环境和力量带来了人类产物的各种因素。"②否则我们的教育将永远保持自以为是(pretension)的主张。同时,杜威指出在文化和政治领域中也存在同样的状况,其特征则表现为自我的统一性的瓦解,他认为之所以会出现犯罪和目无法纪的情况,都是由于"自我的重建无法满足现存社会生活的现实而导致的失败。"③当自然科学稳步向前,取得巨大收获的时候,社会经验(科学)却没有相应地取得明显的行动。因此,杜威要求社会科学采用更加实验性的方法来增加道德控制,他说:"如果我们真的拥有了这种[相关数据的]知识,那我们就有希望启动社会发明和工程实验的进程。"④这意味着杜威主张对教育后果、影响习惯的因素以及每一种确定的人类交往形式进行研究。因此,道德问题就从一种"内省的心理学"转变成了一种工程问题,即,教育技艺与社会指导技艺的确立。

正如杜威在《心理学和社会实践》(*Psychology and Social Practice*)一文中所指出的那样:"我们社会生活中的异常之事非常多,随着我们控制自然能力的飞速增加,我们有能力利用自然来为人类的享用和满足增加众多的商品,我们发现了目标的真正实现,但令人愉快的价值却不断变得缺少稳定性和安全性。有时候,我们就像是陷入了一种自相矛盾,我们拥有的手段越多,我们用这

———————————

① LW. 13：163.
② LW. 13：317.
③ LW. 5：73.
④ MW. 14：102－103.

些手段所希望获得的确定性和普遍性就越少。因此,毫不奇怪,卡莱尔(Carlyle)或罗斯金(Ruskin)呼吁我们应当废止整个的工业文明,托尔斯泰(Tolstoi)主张我们要回归荒原(dessert)。但观察现实唯一可靠的方法,并且将其看作一个整体的方法,是始终牢记这整个的问题只是科学发展的后果之一,是她在生活中的应用的后果。我们对自然的控制伴随着物质产品的出现,它是自然科学发展的必然结果:我们有能力将事物看作是一个机械装置中相互关联的部分。眼下,自然科学已经远远超出了灵魂。我们已经充分地掌握了自然机械来生产可能的产品,但我们并没有得到一种关于环境的知识,通过这种知识我们可以在生活中将可能的价值变成现实,并且我们依然受习惯、偶然性和随之而来的力量的支配。"①我们所处的问题的情境是很明白的,那么什么才能保证我们在道德生活中可以更广泛地应用科学方法呢? 杜威认为要回答这个问题,我们就首先要采取一种"自然主义的假定"(naturalistic postulate):"只有明智地承认自然、人与社会的连续性才会保证道德的发展:这种道德将是严肃的而不是狂热的,是有抱负的而不是多愁善感的,是与现实相适应的而不是守旧的,是合理的而不是采取计算利益形式的,是理想主义式的而不是浪漫主义式的。"②在这里,我们又碰到了杜威在道德哲学中所坚持的永恒命题:道德奠基于对人性的研究,而不是对其的忽视。唯其如此,我们才会发现人的事实与自然界中其余事实是相连续的,因此它会

---

① MW. 1:149.

② MW. 14:11,提到"自然主义的假定",就必定要牵涉到杜威的"自然主义"的观点,杜威对"自然主义"论述比较充分的地方可以在《经验与自然》中的相关章节找到,对其研究的著作也很多,在这里我特别想提出我的美国导师黑克曼(Hickman)的一篇研究论文:《美国哲学中的有神论和自然主义》(*Theism and Naturalism in American Philosophy:An Overview*),在这篇文章中,他总结了自然主义的三个洞见:恰当性(adequacy)、多元性(pluralism)和闭合性(closure)。

把伦理学与物理学和生物学结合起来。它会发现个人的本性与活动和其他人的本性与活动是紧密相关的,因此把伦理学与对历史、社会学、法律和经济学的研究联系起来。杜威意识到关于这一点他可能会遇到不少反驳,特别是那些主张科学是还原论和行为主义者。但是,就我们所知,杜威认为行为主义的实践意义在于它"将我们的关注点从有关社会意识和社会精神的含混不清转到了发生在人们之间的相互作用的特殊过程,并且着重于对群体行为的描述。"①在杜威看来,社会科学试图使社会制度及其安排的关系变得明晰,并且向我们展示整个组织的传统和转变,以及描绘人们最初努力的变化。这种分析为我们提供了一种分析社会现象的积极方法。因此,杜威坚持认为科学带来的后果没什么可怕的,甚至对行为科学也是一样,因为我们从中得到的更多。

杜威希望用更多的科学方来控制我们的道德生活,这一点与我们之前所引的托尔斯泰、卡莱尔和卢梭的观点大相径庭,也和斯多亚以及佛教的观点差距甚远。在杜威看来,尽管这两种方法还被现代的道德学家所继承,但它们的这种处理道德生活的方法却是不负责任的。首先,杜威意识到,道德哲学是哲学中最具有实践性的部分,因而形式上的空谈是无法促进道德的进步,正是由于这种无效的讨论,杜威指责所有学院化的努力都造成了道德教育的任意性。正如他在《道德训练中的混乱》(*The Chaos in Education Training*)一文中所描述的那样:"关于正确理性的知识被灌输给学生,而如何运用哲学理性的方法的知识则'来自本性'。"②这种在道德训练中所谈论的道德相当于只有当学生恰好已经被一种对于其他人的同情和尊严有所了解的时候,才能发挥效用。而如果之前缺少了合适的道德情感,这种教育对学生的性格根本没有任

① MW. 10: 57.
② EW. 4: 113.

何影响。如果道德教育仅仅依靠老师的教导,这些训练就增加了学生对权威的信赖,而造成了行为中的不负责任。杜威认为,即便是我们考虑到康德、密尔和斯宾塞的理论,这很容易就使我们忘记"我们正在讨论的是人的真实的举止、动机以及行为。"①

另一种希望不经过真正的努力就得到道德更新的逃避方法是假定通过心理的转变或者通过赞同和掌握某种正确的教条来达到意义的改变。杜威将这种实践当作是一种迷信,并且这种迷信哪怕是在受过教育的人群中也很流行,他说:"这些人假定当人们被告知做什么时,如果向他们表明正确的目的,那么在即将行动的人看来,为了产生出正确的行为,所要求的全部东西就是意志或愿望。"②这种对我们应当做什么的夸夸其谈并不会在实践中产生任何效果。这个程序是糟糕的,因为即便这种夸夸其谈不是一种故意的伪善,它也造成了"理智和情感的分裂"。③ 杜威认为我们不能忽略言辞习惯的强大影响力。因为即便是使自我产生劝诫、布道和叱责的内在情感消失了,但"它们的习惯却依然存在,因为这些习惯在自身中综合了客观的环境条件。"④并且杜威认为我们无法通过道德的劝解来呼吁人们摆脱这些习惯。因为如果我们不得不根据劝诫和无形的"理想"而等待着引起社会变革,那我们确实将要等待很长时期。杜威说我们希望消灭战争,在所有人中实现更大的正义和平等,但是"不管我们再怎样宣扬善良意志或金律(golden rule)或培养爱和公正的情操都将不会获得这些结果。我们必须要改变客观的安排和制度。我们不仅必须要改变人的心灵,而且还要改变环境。"⑤因此,有效的道德必须是那些在我们控

---

① EW. 4:106.
② MW. 14:23.
③ MW. 13:96.
④ MW. 14:19.
⑤ MW. 14:19.

制范围内的相关行动。当然,也有很多人会诋毁这种在客观条件下行动的必然性。

但是,更大的危险乃在于假定通过简单的操纵和控制,道德问题可以轻而易举地获得解决。这种观念尤其在那些认为"设想我们能够通过外部的机器,通过工具或潜在的手段,而无需人类的欲望和能力的相应作用,就可以得到这些结果"①的人身上表现得很明显。根据这种观点,两种不同的方法可能出现。第一种是权威的模式,权威被看作是解决所有问题行为的灵丹妙药。有时候,这种方式也被假定为一个人通过其最初的美德就能够取得成就,因此他认为"通过法律,他就能够把对上帝的恐惧置于其他人之中,并通过敕令和禁令而使他们成为善良之人。"②所以,作为性格形成的主要地方——学校和家庭中,"通常的过程就是通过父母、老师和书本的权威来解决理智和道德上的争论"。③ 而在政治领域,杜威注意到在一个为战争而组织起来的世界,除了运用"战争参与"的手段,不可能存在任何有效的方式去激起一种全民族都热情参与的行动。这也是杜威对任何一种以非民主和非理智的方式去教导民主和道德的体制的批评,这可以从下面这个最简单的事实中得到说明:"当有人高呼'法律和秩序'受到威胁的时候,在一个名义上的民主共同体中强制的力量和对公民自由的压迫就会被忽视。"④在杜威看来,强力永远都只是权宜之计,它永远也不能被看作是道德成长的表达。

用机械的方法解决道德问题的第二种方式就是应用医学

---

① MW. 14:23.
② MW. 14:23.
③ LW. 13:154.
④ LW. 13:153,如果我们考虑到杜威这篇文章写作的年代(1939年),以及当时的国内(美国)国际形势,这段话就更加意味深长了。即便是在二十一世纪的今天,杜威的这个批评对绝大部分的政治共同体依然适用。

(applied medicine)的技术。在这种方法中，当问题出现以后，我们就忽略造成这个问题的环境和原因，我们所要做的就是创造出一种"药物"来纠正它。杜威认为这种方法是在我们的社会生活中运用病理学的方法，但这种方法所关注的是治愈，而不是内在的健康，他说，现在的目的是"避免邪恶，而不是追求一种正常的生活。……所有便宜而短小的切口都避免了对基本原因的认识，……永久支配生活的就只能是幻想、魔术、表象以及逃避。"[①]但这种方法带来的后果就是人们经常需要治疗和拯救，而这恰恰证明了道德问题的范围和程度。

另一种解决道德问题的无效方法则是回忆那些有德性的长者所具有的长存的荣誉。这种观点认为，几乎没有任何时代能够解决社会中的恶，我们所能做的只是为儿童提供一种可供模仿的榜样来帮助他们恢复真诚。因此，他们经常宣扬的就是对自我的正直的需要。杜威认为这种主张中有某些真理的成分，但它并不是解决问题的答案。杜威认为："仅仅对他人的模仿对痴呆儿（imbeciles）和低智商的孩子是有效果的，但对那些聪明的孩子来说则是机械的和无效果的。"[②]在杜威看来，对他人模仿的结果在某些情境下可能是有用的，但一般说来，它却趋于破坏我们判断的能力，而正像我们在前面章节指出的那样，判断的能力则看作是真正的道德自我的结构的基本因素之一。

在 1932 年的《教育中的修道院、廉价柜台和实验室?》（*Monastery, Bargain Counter, or Laboratory in Education?*）一文中，杜威分析了我们遇见的道德困难，并提出了三种不同的方法来解决它们。杜威认为在我们一开始遇到问题的时候，我们会选择僧侣式的方法，即逃避来解决问题。因为当时我们"缺少控制的

---

① MW. 15：42 - 43.

② MW. 7：235.

能力,也没有足够的资源来为自我建立一个想象中可以生存的避
难所。"① 这种逃避的方法在最开始也许是一种理性的和有效的方
法。但随着我们知识的推进,这种躲进修道院的方法就不再是一
种负责任的选择了。在这个时候,我们考虑的就会是"廉价柜台"
的方法来解决问题。杜威认为这种"廉价柜台"的方式大大扩充了
我们的知识,但却不够丰富。在这里,道德问题和大众传媒这种新
方法联系在了一起。杜威认为大众传媒已经把我们引入一种廉价
教育的时代了。"新的好奇心"和"了解遥远事务"的新方法已经为
我们带来了"一个夸夸其谈的世纪,一个可以被系统地欺骗的时
代,一个将所有情感和信念都一视同仁的时代。"② 我们正处在一
个技术具有压倒性优势的时代,因而,谈论什么"科学破产"或者
"诅咒不断增长的关于我们情境的知识"都是一种幼稚的行为。③
我们所要解决的真正的问题乃是在控制我们的情境之时,我们需
要承担更大的责任。这就是为什么杜威会提出他的"操作主义"
(operationalism),在他看来,我们的道德生活和科学世界一样,一
种理论如果要有效,就必须能产生某种特定的结果。杜威也承认
潜意识的存在,但他认为,我们不能仅仅停留在对潜意识存在这个
事实的承认上,因为"潜意识的性质、行动都必然要取决于某些特
定的条件"。④ 因此,道德自我的每一个方面都必须被置于意识的
控制之下。在教育实践中,这就要求我们将教育的过程看作是一
种建构性的工程,而在处理社会事务中,则要求我们认识到那些由
偶然产生的社会条件和由我们理智产生的社会条件之间的分别,
因此,杜威说到:"与理智的方法相反的方法根本就不能被称作方

---

① LW. 5:113.
② MW. 13:330.
③ MW. 10:63.
④ LW. 15:45.

法,它们只是盲目和愚蠢的方法",①并且,当我们缺少理智的方法时,"偏见以及就近环境的压力,自我的利益和阶级利益,传统的习惯以及那些在历史中偶然产生的制度就会试图取代理智的地位"。②那么,在这种情形下,我们该如何决定道德价值呢? 杜威认为唯一可取的方法就是重建,他认为:"建构比取消更好,预防比治疗更佳"。③的确,在道德生活中我们会经常碰到麻烦和困境,因而,只有运用我们的理智和科学方法的控制,通过系统地发展出现在我们个人和道德经验中的潜在价值,才能为我们提供一条出路。"科学的控制"④一词在杜威看来特别意味着在决定行为的始点就对其进行把握,社会变化必须依据理智的探究,将其从一开始就纳入人性的轨道,而不是任由其自由变化、发展。很显然,在这里,杜威所说的控制已经远远超出了个人的理智能力之外,它直接触及到了整个社会和政治共同体,因此,很容易遭到别人的攻击,例如,有人就认为杜威的这种控制和将人置于上帝以及大写的自然(Nature)的控制之下毫无差别。而杜威对这种批评的回应则是这种指责忽视了历史的视角。因为,在杜威看来"社会上所发生的一切都是现今人类的欲望和其之前业已存在的事物的互相作用,而那些业已存在的东西事实上构成了我们现今所处的条件。"⑤换句话说就是,真实的历史的改变并不是在没有人类欲望和努力参与下自动发生的力量。事实上,这里的科学控制正是我们前面所解释的"调节"(adaptation)的真意。人并不是简单的被

---

① LW. 5：88.

② LW. 4：211.

③ LW. 5：84.

④ 杜威喜欢使用 control(控制)一词来表明科学方法的可操作性和它在实践中的具体应用,但由于这个词感情色彩太强,容易让人联想到操纵和利用,因此,也有学者(例如 Hickman 和 Alexander 等)提议用 manage/management(管理)来理解杜威的control。

⑤ LW. 5：336.

动地适应(accommodation)环境,相反,"'调节'是一种控制,这种控制是包括了自我的生命功能和其所属的环境。"①在解决了控制问题之后,杜威又提出了另一个重要的有效行动的原则:创造性。杜威将标准和规范性(normative)当作是"为了达到恰当的目的而对行为、思想和情感的控制"。② 而对科学探究的有效应用还必然要求创造性,杜威将这个原则称为"最高的理智义务",杜威在同名的文章《最高的理智义务》中认为,"尽管我们有很多不同的义务,但对道德情境需求的满足是不可能通过限制科学富有成效的活动来达到的,也不可能通过将人文主义文化置于情境野蛮的现实之上来达到。它们能在人类的指导下通过人类的行为来达到"。③尽管科学也为我们带来了很多问题,但解决我们所面临困境唯一负责任的方法只能是将理智的应用范围不断地扩大,用其来指导我们的行动。为了形象地说明这种最高的理智义务,杜威依旧使用了医生治疗的例子,他认为我们现在对伤口治疗的目的不仅仅要达到治愈的目的,还同时要达到预防的目的。

通过上面的分析,我们可以看出,杜威所说的对社会以及道德生活有意识的控制只可能在受指导的行动中发现。因而,他认为只有我们仔细观察社会现实,并且依照它们自身的潜力谦逊地加以实践,道德自我的控制才有可能达到一定程度的稳定。因此,如果在道德科学和社会科学中有任何相似的话,我们就不得不"参与社会计划及其控制的道路"④,并且这种计划和控制必须经过深思熟虑才能完成。但是,如果我们要参与这个计划的话,依然面对很多阻碍。大部分人会认为最大的阻碍就是情感和欲望通常都是和

---

① MW. 5:365.
② MW. 2:159.
③ LW. 9:98.
④ LW. 6:67.

理智相反的。杜威认为,这种困难只是表面上的,因为,虽然道德问题都是欲望和理智的问题,但它们的冲突却只是"思想中的牛蝇",因而这其实是一种"对创新的刺激"。事实上,我们之所以会深思熟虑就是要指导情感去发现其目的,而这种"指导"只能通过科学的方法才能达到。

因而,如果我们严肃认真地发展一门道德科学的话,我们就必须利用经验的决定论特征(deterministic features)。每一个事件都有其先在的条件,一旦我们知道了如何控制这些条件,就能产生可靠的结果。决定性条件相同的情境会产生出相同的结果。从进化论哲学的角度来看,世界在不断变化,但相似性(similarities)依然是把握世界的关键所在。因此,我们一直要追问的只是那些决定性的条件会产生何种特定的结果。这也是我们为什么要重视过程的价值的原因所在。但是,杜威并不是一个"决定论"者,他认为因果关系的意义仅仅在于"在某个特定和具体的团体情境中分析未定意志资料的诸种可能性"。① 当我们考虑如何形成习惯和兴趣的时候,我们首先就要考虑"呈现在我们感官机体前的是哪种刺激? 它们是如何呈现的? 我们要组织的是哪种稳定的联合的复杂物? 哪一种有效的冲动在什么程度上应当被唤起? 通过何种方式才能将那些对我们有利的刺激置于更大的控制中? 并且减少那些从我们不想要的刺激中产生的危险?"②对杜威来说,对这些问题的回答意味着一种科学方法的发现,毕竟道德生活更多的是一种事实,而非想象。在有精确测量方法的前提下,有价值的东西在经验中会具有更大的稳定性。事实上,道德正是从这一点开始的:"当知识的运用带来了有意识的目标,并且理智的行动并不仅包括

---

① EW. 4:91.

② MW. 1:139-140.

已知事物的结果,还有那些依据这种知识所可能出现的结果。"①
在道德教育中,这就是道德自我的成长阶段,尤其是有效习惯的获
得,这个过程也被理解为是为了达到目标而对手段的主动控制。
换句话说,每一个变化都是从特定的条件中产生出来的,这就意味
着道德的任务必须要考虑到如何有责任地控制这些条件。而这些
特殊条件则证明了为什么性格的发展并不能在对诸多德性本性的
学习中完成,因为有效的性格和道德并不仅仅是一种情感,它还要
求"用理智来思考自然环境和行动的条件"。② 因此,从教育上来
说,为了改变学生的性格或他的意志,唯一可行的办法就是改变那
些构成他习惯的客观条件。也正是在这个意义上,杜威认为价值
判断也是"关于被经验客体的条件和结果的判断;是关于我们应当
调整的欲望、情感和享受的判断。"③杜威认为,启蒙主义以来的那
一套简单的信念,即科学的进步将驱散无知和迷信,并产生自由的
制度已经不可能了。因此,杜威在《作为宗教的教育》中为他的道
德计划提供了另外一种信念,即"我们可能确定地知道特定的环境
和力量的作用将给我们的性格、理智态度和能力带来的种种特殊
结果。"④

最后,正如杜威在《新旧个人主义》一书中所指出的那样:"我
们的问题都是从社会情境中产生的:这些问题是关于人们之间的
关系,而不是人与物质自然之间的直接关系。如果我们还存在乐
于冒险的个性,并且不会陷入无生机的满足或令人绝望的不满,那
么这种个人的冒险就是一种未被压抑的社会边界。这个问题不可
能通过即性而发的观念来解决,这个问题只能被一般地,而非局部

---

① MW. 14：207.
② MW. 4：211.
③ LW. 4：212.
④ MW. 13：318.

地解决。它们并不局限在就近和直面的环境之中，因而，旧的观念不仅是不恰当的，而且可以称之为一种阻碍。它们是我们形成一种新自我的主要障碍，这种新的自我将其自身以及其在其所处社会中的功能统一在一起。这就是一种新的个人主义，而这种新个人主义只有通过那些我们用来掌握自然界物质力量的科学和技术的使用，才能达到。"因此，经济和政治条件同个人的道德教条一样，在科学方法的指导性的控制下，共同进入了我们的道德重建过程。那么，我们就要问，为了产生一种高质量的道德生活，究竟是哪一种社会条件和哪一种控制才是我们所需要的呢？ 这就进入了杜威对民主社会的讨论。

3. 道德生活的第三个条件：民主社会

如果道德生活的第一个条件所要求的是一种对人性可修正性的信念，第二个条件是为了更好的目的，我们应该通过对环境有意识地控制来加强这种对人性的修正，而不能依靠偶然性，那么接下来的问题就是：谁才有资格来实施这种必要的控制？ 在杜威的同时代人中，资深记者李普曼（Lippmann）的看法具有一定的代表性，在他看来，这种控制的行为只有通过特定的精英全体才是现实的，因为在一个共同体中，对其公民来说，它们所能掌握的关于个体和集体的知识都注定是有限的，而只有社会科学家们才具有发现真理所需要的足够资源，因此，为了使一个共同体良好地运转，政治和经济精英就应该依据社会科学家所提供的基本事实为依据来做出他们的决定，而其他的公民所要做的仅仅是"当他们发现事情运转良好的时候就投票支持，当他们发现事情变坏的时候就投票反对"。[①] 但杜威并不同意李普曼的这种观点，他在1927年写下了《公众及其问题》（*Public and Its Problems*）来反驳李普曼的观点。杜威认为，尽管"看起来我们好像是通过雇用那些观点的促进

---

① Walter Lippmann，The Phantom Public（New York：Macmillan，1925），p. 126.

者作为我们公共的代理人来管理国家。……但是,这里依然存在着巨大的危险,因为在大众情感和理智上的气质和倾向所创造出的环境中,剥削者的情感和意见会占据上风。"①因而,通过这种方式组织起来的共同体只可能被少数人所控制,并且这种控制被授权给少数寡头。因此,在杜威看来,这种统治实质上是:"对规定(regulation)的漠不关心在被统治者与统治者的分裂中已经被加强。父母们、神父们、首领们和社会审察官们已经提供了目标,而这些目标对那些被加强给目标的人来说是陌生的,即,对年青人、俗人和普通民众来说是异己的;少数人制定和管理规则,大众则以一种通用的方式不太情愿地遵守规则。每个人都知道好孩子是那些为他们的长辈尽可能少制造麻烦的孩子,而由于他们中的大多数都引起了许多烦恼,所以他们的本性必定是顽皮的。一般来说,好人一直是那些做他们被告知去做某事的人,而不渴望顺从则是他们本性中发生错误的标记。"②杜威认为从中我们可以看到,好人永远都远离麻烦这个普遍被接受的教条,实际上已经向我们揭示出大众已经处于一种非民主的过程和情境中,并且处于权势方的人也已经将道德规则转变为阶级至上的手段。杜威认为剥削并不局限在坏的政治体和欺诈的经济活动中,他同时指出在我们的教育中也存在着同样的状况:"这里存在着一种持续的危险,教育是为了那些被选择的少数传统长存。"③例如,职业教育被看作不过是"一种在某个特殊追求中保证技术有效的手段,而教育就变成了保持现存工业社会永远不变的工具,而不再被当作是一种改变的方式。"④因此,杜威才批评现存的教育制度导致了教育实践的

---

① LW. 2:341.
② MW. 14:5.
③ MW. 9:325.
④ MW. 9:326.

失败，而"民主也只是为模仿增加了机会，并且为行动中的思考增加机会。"①而对人进行这种真正意义上的民主教育的失败最终所导致的后果就是本应该作为全部共同体的文化发展最终变成了个人表演的舞台。杜威强调，任何一种共同体的保持都需要满足一些特定的条件，例如，和平、秩序以及国内和谐等等。但是，当这些条件，例如和平和秩序被少数用作特定的目的（即便是神圣的目的）的时候，这个共同体成员的自由交流和它的真正目的就会变得晦暗不明。在杜威的分析中，问题是很清楚的，社会的特定因素对人性的修正事实上是以少部分人得利为其目的的，这样一种关于人性的科学将会导致一部分人利用他们手中的优势来操控另一部分人，这就是我们面对的道德挑战，这也是为什么我们必须要发展出一种作为道德和个人行为模式的民主的原因所在。

因此，在杜威看来，民主首先不是作为一种政体方式而存在，它是道德的基本部分，是一种生活方式。在杜威的理解中，民主是一种社会生活自我纠正的过程，而不是一个会永久保存下去的治理系统。正是在这个意义上，杜威称赞美国的国父们所传达出来的精神："他们所宣称的是将一种自我管理的政体作为一种手段，在其中人性得以确保在最大多数的人群中达到自己最大的实现。"②因此，我们之所以相信民主，乃是因为它能够恢复和保持道德本性最具有活力和独特性的部分，并且在这种作为一种生活方式的民主中，它为我们个人的行为提供了一种道德标准。简言之，对生命冲动的控制必须是在一个民主的、自我纠正的社会中才能实现，否则，行为不可能是道德的。尽管杜威也承认现存的民主制度并不是为了这个最高的目标，它依然是一部分人利用其权力控制大众的意见、欲望和价值，但这并不能否定其价值，因为归根到

---

① MW. 14：52.
② LW. 13：155.

底,道德生活的希望取决于民主的希望。最重要的是,在杜威看来,我们必须始终认识到民主是作为一种个人行为的模式,一种生活方式而存在,它是道德的基础,只有在民主生活中,道德才是不可避免会出现的。而在其他的情况下,道德行为可能或多或少只是一种外在的和偶然的行为,但在民主社会中,道德行为"必须通过审度和理智的努力才能达到并保持自身。"①

为了理解这一点,我们必须再次回到杜威对道德和自我的社会性的强调上。"社会",正如杜威所定义的那样,是由自我和他人之间所构成的这样或那样的关系。这个定义乍看起来似乎都是老生常谈,没有什么特别之处,但对这个定义的理解,最重要的落在如何理解"关系"这一概念,在杜威看来,"关系意味着相互作用,而不是固定的模式。构成了人类社会的那种特殊的相互作用包括了参与、分享,并且随着参与和分享的增加,它扩大和加深了相互作用者的能力和意义。"②因此,在杜威看来,组织,是作为一种活生生的有机体,是为数众多的细胞之间的相互交换以及相互协作的共识。因此,即便是对杜威来说,要想全面地把握关于这个互动的社会(interactive society)的定义以及随之而来在道德生活中自我的相互影响和其后果也是非常困难的。但是,这个概念又是非常重要的,所以杜威认为我们至少可以从以下几个方面来了解它:A. 互动的社会这个概念提醒我们道德是社会的这样一个事实。这个概念解释了任何一个作为政治和经济共同体的社会,其性质都是相互关联的,它自发地就要求一种道德自我的存在,并且其目的也是为了培育这样一种道德自我,因为"道德的范围就是像彼此之间的关系所涉及的那些行动一样宽,……每一个行为都潜在地

---

① LW. 13:185.
② LW. 5:82.

具有道德意义,因为每个单个的行动都是更大的行为整体的一部分。"①因而,如果一个共同体是由无数说谎者和骗子构成的话,那么这个社会的情况和价值就必然要求人们说谎和欺骗。道德和生活不能分离,因为正如我们前面所指出的那样:"行为涵盖了一切根据比较好和比较坏而进行判断的行动"。② 因此,对杜威来说,不是道德应该是社会的,而是道德是社会的,这乃是一个基本事实。正是从这个基本事实出发,我们才能界定道德情境。但具有反讽意味的是,现实的社会生活情形是自我自愿地进入共同体,他们依照共同体的情境来行动,而不管他们是否需要这样做。杜威认为唯一能防止这种盲目行动的方法就是通过不断地对话使社会不断自我更正其需求。因而,从这个意义上来说,民主是一种道德命令,因为如果没有民主,人们就不是在控制,而是被控制。

在杜威看来,自我的一个主要因素就是在社会中实现自己。社会是"解释的基本工具",③因而,在杜威看来,道德完全是客观的,我们可以凭此驱散一些传统的迷雾,类似道德区别和判断是否是情绪化的或者是主观的;是否它们是先验的和永恒的,杜威认为这些都是虚假的问题,因为真正需被严肃对待的问题是如何正确地分析"社会被用作一个解释的范畴"。对杜威来说,因为道德是具体的习惯,是与环境的协调,是社会的,因此,道德只可能是客观的。

在杜威学术生涯最后的几篇文章中,有一篇是他应邀回答个体的危机这一问题,在这篇文章中,杜威认为这个危机是由于"自我和社会从一开始就彼此相分裂造成的,并且以发现它们互相反

---

① MW. 9:367.
② MW. 14:194.
③ LW. 3.47.

对而收场"①,即,在最后我们发现不是走上了极端的个人主义,就是走上了国家主义。这两种情况中的任何一种,都是人与其真正自我和其所处的真正环境的异化(alienation)。因为在杜威看来,我们只有两条路可以选择,一条是将人看作是在民主生活自我更正的过程中彼此相互关联相互需要的自我实现,另一条路则是将人看作是一部分人对另一部分人的剥削和操控。遗憾的是,杜威认为我们选择了后一条路,这就是为什么自我会发生异化。

此外,因为自我总是在时间中有限的存在,而且在这短短的时间中,我们还发现变化似乎永不停息,因此,我们自然而然地产生一种倾向就是要为连续性找到永恒的基础。然而,在杜威看来,在人类事务中,唯一重要的原则就是流变(flux)。对他来说,"生活的连续仅仅意味着活着的有机体连续不断地重新适应环境的需要"。② 生命只有通过更新才能不朽!

事实上,这种通过传递(transmission)而实现的生命的更新在杜威看来正是活的有机体和其他无生命事物最大的差别。石头在压力下要么变得粉碎,要么保持原状。但有生命的存在物则会通过行动改变自身以保持未来的存在。正是由于自我的这种永远处于更新过程的特性,杜威认为任何一个社会如果试图破坏这种连续的更新,那么,它就是一个非民主的社会,它也不能主张自己有任何道德的基础。因此,很清楚,杜威对民主——非民主地划分,从根本上讲是就其道德意义而言。并且杜威拒绝把道德"等同于净化动机、陶冶性格、追求遥远而隐秘的完满、听从超自然的戒命以及承认义务的权威性等理论"。③ 因为道德总是涉及对比较坏与比较好的比较,因而道德是一个连续不断的过程,而不是一个固

---

① LW. 15: 210.

② MW. 9: 5.

③ MW. 14: 194.

定的完成,它意味着行为意义的增长,意味着那种由于对行为的条件与结果的观察而产生出来的意义之扩展。从这个意义上说,更新、连续、成长和重建都不断扩充和加深着我们的经验。与此相关的是,随着自我和社会的这种变化,我们对民主的理解也随之而发生变化。因此,对杜威来说,民主社会是一个开放的社会,它始终意味着可能性和机会的出现。因而,我们对条件的控制,并不意味着操控(manipulation)。对条件的控制是为了连续地成长,这种成长的独特的性质和经验是由未来的自我所建构的,而不是将自我还原为由外界环境机械操控的无生命物。这种控制和变化为自我提供了交换和联合的新的可能性,它往往意味着对社会现象的修正,而这种修正又会反过来影响人性及其培育,这个过程是往返不断的连续过程,是永无止尽的,因此,道德生活也是一种不断冒险的生活。

　　在1932年版的《伦理学》中,杜威在总结其所写章节的时候,认为在其中存在着一个统一的线索,即"道德概念是从人类生活的情境中自然生长出来的。"①如果人类生活的情境是非民主的,那么从中生发出来的道德概念将会与那些有助于保持民主社会的态度和习惯相反,而民主的目的需要民主的方式来助其实现。如果我们考虑到道德自我的结构和其发展方式,我们就会发现杜威所谓的线索是:一个潜在的道德存在是如何通过社会参与而实际地转变成道德自我,在这个转变过程中,道德自我通过其理智能力控制环境条件直接或间接地塑造和修正其性格和习惯,并且在道德自我发展的过程中我们有选择的行为导致了责任这一概念,这种责任由于其来源,一方面是对自我发展的责任,另一方面则是对社会共同体的责任,自我的责任又会影响我们的行为,修正我们的性格;而对共同体的责任则要求一个民主社会来保证我们成长和自

---

① LW. 7:308.

我实现的连续性。

那么,经过以上这么多的分析,可能会有人批评说杜威关于道德自我和道德生活的观点和计划其实是一种幼稚的乐观主义。但实情并非如此,首先,杜威很清楚地意识到人的能力并非生而平等的,所以,如果再没有一个有利的成长条件,那么大多数人的受奴役就是不可避免的。正是出于这种考虑,杜威坚持用一种理智的方法来控制社会条件,使其不至于朝非民主的方向发展。另一点则是,杜威并没有幼稚地认为民主可以解决人类的任何问题,杜威对民主的理解最终是落到作为一种生活方式的民主以及责任这个观念之上的,道德和道德自我的发展是每一个人在其一生中都要面对的问题,而这需要我们充分运用我们的理智和努力,而非使用任何幼稚的方法解决我们的道德问题。

第三章　德性论视角下的"道德自我"

　　"只有已经具有善好(good)习惯之人才知道什么是善好。"①

　　在上一章中,我们通过对杜威文本详细地分析,重构了杜威哲学中的道德自我概念:从自我的社会属性开始,到与问题情境相遇之时道德行为、性格如何出现、形成,以及道德自我的发展和条件等诸问题。而在本章中,我们则力图通过对杜威哲学中义理的解释,特别是依据他在二十世纪二十年代之后的思想倾向,从德性论的视角来重新理解杜威的道德自我概念,特别是他关于善(Good)和德性(Virtue)的观念,以及从这种德性论的视角出发,来探讨杜威如何理解私人——公共(private/public)之间的关系问题,以及建立在这种区分之上的个人和共同体之间的关系问题。

　　因此,在第一节中,我将首先讨论杜威哲学中的德性论的要素,分析他对善和德性的独特看法,以及他可能赞同的最重要的几种德性。在这一节中,我们将看到杜威在1932年版的《伦理学》中关于德性的观念是如何发生改变的,特别是当我们考虑到他在《纲要》(*Syllabus*)中认为德性是从自由中产生;而在1908年版的《伦理学》中认为德性是从善中产生的;而在1932年版的《伦理学》中,杜威则说:"道德中的德性和恶,是与在某个特殊的社会群体中占

---

① MW. 14:26.

统治地位的制度和习惯紧密相关联的风俗所决定的"。① 在第二节中,我将依据杜威"根植于社会中的自我"(self embedded in society)来分析为什么杜威试图用私人和公共这样一种并不是非常容易界定清楚的区分来代替个人和共同体的区分,并依据这种区分来分析他对传统自由主义的批判以及他所主张的共同体主义式的个人主义,以及为什么这种共同体主义式的个人主义在现代道德哲学和政治哲学的争论中,能为我们提供一种有别于政治自由主义和共同体主义的新的选择。② 在这一章的重构和讨论中,我们的依据主要是在前一章中对杜威"道德自我"概念的重构中所体现出来的义理分析,即我们所谓的义理上的重构。这种重构是杜威并未著诸文字的观点,但我们相信,如果杜威可以看到这些文字,那么他会赞同这种义理的重构是符合他的基本思想,也是他所赞同的。正是通过这种义理的重构,我们试图将杜威重新拉回现代道德哲学和政治哲学的争论之中,在现代流行的基于德性的伦理和基于权利的伦理之外,为我们提供另一种可能的选择。

---

① LW. 7：254.

② 特别是如果我们考虑到现代道德哲学中最重要的争论就是以罗尔斯(J. Rawls)的《正义论》为代表的新自由主义和以 C. 泰勒和麦金泰尔(Macintyer)为代表的社群主义之争。那么本章的目的则是要揭示,杜威所提供的情境主义的道德自我理论可以在这两种相互对立的观点之中架起一座桥梁,甚至为我们提供一种不同于这两者的第三种选项。因此,在正式进入这一章的讨论之前,我想先解释一下我所说的杜威的情境主义是什么意思,在我看来,杜威的情境主义就是指人们所有的思想和情感都是在某种特定的意义框架下形成的。因为我们所处的自然和社会环境都是不稳定的,其中充满了偶然和不确定性,因而人们的行为就是要在特定的文化环境中为其提供某种程度上的稳定性,正因为这种环境的易变性,这种对稳定性的追求也成为了一个不间断的过程,而成长(growth)也就从中产生,在杜威眼中,这种不断成长的目的,就是我们道德的目标。

第一节　道德自我及其德性

从上两章的分析中,我们已经知道了,杜威在 1932 年版的《伦理学》中对道德从三个不同角度进行了分析:"善"(个人/价值)、"正当"(社会/义务)以及"德性"(社会化的个体)。在杜威对善、德性、性格、道德和判断等的分析中,我们看到了一些和传统伦理学观点不一样的东西。在杜威的解释中,成为有德性的人(being virtuous)和探究德性(inquiring into virtue)是紧密相联系的,因为性格和经验在习惯中都分享有机体的过程,无论是在我们的经验中,还是在我们面对世界的时候,或者是作为有机体的我们与环境发生互动的时候,是善的(being good),行善(acting good)以及知道善(knowing good)都是一个统一体。并且,杜威并不将善看作是大写的 Good,而是将它和欲望(desire)联系在一起进行考察,他认为欲望是诸善(goods)和道德行为产生的原因,而我们在反思中揭示出来的欲望的习惯(habits of desire)则使得我们可以观察到自我的构造(self-constitution)。以此构造为基础,我们进而可以判断自我构造的价值,并且利用这种反思和判断重新来约束、调整欲望。因此,这种形成习惯的欲望(habituated desire)和自我构造之间不断地转化就构成了杜威德性伦理学最重要的一个环节。

与 1932 年版的《伦理学》相比,在《人性与行为》中,杜威对欲望进行了更详尽和全面地描述,在其中,欲望最初被看作是一种生物学上的冲动,但这种冲动是可以被加以驯化(educated/habituated)的,即,我们可以在有机体和环境相互作用的过程中通过改变我们的行为,或者依据特定的目标来培养或者改变我们的欲望。从这个意义上说,欲望也同样是习惯,并且在欲望中清楚地表现了我们意识和情感的某些要素。这种将冲动驯化成某种特定的欲望与我们的社会、文化和历史都紧密相关联。^① 在 1932 年版的《伦理学》中,杜威将这种欲望称作"道德概念从人类生活的境遇中产生的[契机],并且是我们人性普遍而不可避免的因素"。^② 并且,杜威进一步认为欲望是从我们满足的受挫中产生的这一事实表明我们习惯性行为的分裂和崩溃,因为满足是贯穿于我们整个的习惯性行为之中的。因此,有意识地唤起的欲望就表征了在当下行进的行为是有所欠缺的,需要我们去重建一个新的行为。行为的重建需要一个与周围情境更灵活、更相适的行动,即反思。因为在杜威看来,反思是当习惯失效后唯一可行的替代物,反思导致了处于受挫行为中的我们仔细考量,通过想象力的预演(imaginative rehearsal)找出一种有效的行动方式来。在杜威看来,在我们再次寻求确定性和满足的过程中,反思是一种中介性的行为(intermediary activity),是我们在冲动的支配下任意行动和重建习惯性行为的重要中介。在反思中,我们看到的是我们的天性(makeup,在此处,所谓的天性,杜威指的是那些能够激发我们并吸引我们注意力的东西)和快乐之间的关联。通过这种方法我们才能判断我们的性格和性情,并且因此将判断和反思统一在我们构成的欲望之中。正是因为在对善好(good)的反思性判断中包含着那些非反思性的东西,所以习惯才被当作是欲望展示出来,所以我们在对待欲望的时候"才不能以将它们[欲望]镇压下去为目的,不能仅仅将它们看作是否定性的东西,而应该将其看作是一种

---

① 在杜威的道德哲学中,冲动在行为中是处于居间位置的,依据在不同情境中冲动的不同出路和作用,杜威在《人性与行为》中将冲动分成三类:A. 每一种冲动都是其自身的权力意志的实现,即一种激烈地、盲目地发泄;B. 可以升华,这种升华是由于冲动受阻,并且在合适的条件下通过教育而得到发展使其成为某一范围更广、更复杂的活动中的一种要素;C. 冲动受到了压抑,但并未消失,而是转入隐蔽的、秘密的活动,等待重新爆发的机会。参看:《人性与行为》pp. 97 - 99, pp. 156 - 157.

② LW. 7:308.

可以为我们带来更广阔和更持久善的一种必要功能。"①因此,在杜威看来,我们形成某种习惯是为了发展、丰富我们特定的欲望,所以那种认为欲望是危险的,并且教化的主要目的是为了束缚欲望的想法是错误的,因为他们将欲望从思想之中分离了出去,从而去除了理智地进行调整的可能性。② 总之,在杜威看来,欲望是从受挫的满足中产生的,这一事实明显地向我们展示了习惯性行为的失效,而反思、不断地探究和深思熟虑可以通过训练那些进入我们习惯中的冲动或者通过改变那些占支配性地位的欲望,即打破原有诸欲望的平衡,来改变欲望的结构,从而改变我们的行为。反思也是在这个过程中出现的有意识的经验,并且使我们的道德教化可以通过改变习惯或者改变社会—文化制度来进行的可能性。

在杜威这些理论中,初读起来最令人惊奇的就是他关于欲望和善好之间的关系问题。在我们看来,杜威关于欲望和善好的理论是基于一种关于现实道德实践的描述,正像他自己所说的,他告诉我们的是我们在日常生活中每天都在做的事情,而不是传统道德哲学理论告诉我们的那些必然会出现或者不得不做的事情。杜威的目的是使我们的日常实践和我们最好的道德理想相协调,并且通过理智使两者(日常生活和道德理想)得到共同发展,正如他所说的:"道德理论的任务既是构造一种作为目的的善或者作为欲望对象的善的理论,也是构造一种将真正的善从虚有其名的善中区分出来的理论。事实上,后者意味着我们不仅要将目的看作是对公正和有长远思想的满足,它也同时是对我们切近欲望的满足。"③因此,为了理解这种关联——作为目的的善和作为欲望对

---

① LW. 7：205 - 206.
② 很显然,杜威在此处将矛头又一次对准了柏拉图以来的传统道德哲学中理性-激情-欲望或者理性-意志-欲望三分的理论。
③ LW. 7：191.

象的善——我们就要进一步考察杜威关于"善"和"道德的善"的界定。在杜威看来,无论在任何时候,当我们欲求某个对象的时候,它对我们而言就变成了一种"善",这是一种经验性地描述,而非是一个规范性的定义,换句话说,它被"经验为善"(experienced as good)。① 因而杜威将善定义为"那些能够满足我们需求和渴望的东西,是使那些刺激行动的需要得以实现或者完成的东西。"② 而使一个善变成"道德的善"则是要通过反思、探究和审度的发展才行。在此处,杜威又对善做了另外一个区分:自然的善(natural good)和道德的善,自然的善是指那些对直接欲望的满足之物,而"道德的善则是在那些自然的善的关系中经过深思熟虑之后发展并且保持的自然之善"。③ 而在理想的形式中,习惯保护了那些从直接欲望中而来的未经评价的善。④ 而反思的功能则在于将一个从欲望中产生的善发展成为一种价值判断。而对杜威来说,价值则意味着构成有组织行动之欲望的一种有意识的实现,因为"如果一个欲望的实现和另一个欲望的实现是相互兼容的话,那么我们就不需要反思"。⑤ 这意味着目的是在某个特定的情境中,通过一系列深思熟虑的行动而重新构建的行为来把握的。所以,智慧

---

① LW. 10:56,杜威在此处对这种"被经验为善"的描述,让人很容易想起亚里士多德在《尼格马可伦理学》第一章开篇处对"某种善"(具体的善)和"作为最终目的的善"的区分。参看 *Nicomachean Ethics* 1094a5 - 10.

② LW. 7:191.

③ LW. 7:207.

④ 一个善之所以也是自然的善正向我们所说过的,是因为它是基于我们的生物学上的冲动而产生的欲望中而来。这与"理想的"善形成了对比,因为理想的善是从思想而非欲望中产生。理想并不是自然的善。即,理想是从有机体的交互过程中稍后的阶段产生的,是从精神事件中出现的,它与有机体交互作用的之前阶段有不同的形态,这种由生物学上的冲动和刺激所造成的习惯性的欲望指向特定的对象,并且它们也仅仅是作为习惯而持存,也就是我们通常所说的是我们社会和文化教育和熏陶的产物。

⑤ LW. 7:210.

(wisdom)或者说是好的判断就是能够预见价值判断更深远结果的那种能力,而且这种作为结果的目的也是不断在成长和彼此加强的。总之,在杜威看来,我们的自我是在反思中向我们自己揭示出来的,在其中,我们看到的是在我们自身中欲望的运动(operation)。通过这样一种运动,我们可以判断我们自己的性格,根植于我们性格之中的价值,因为它们是在我们过往行为中所凝聚的欲望的实现。在这种情形下,过去的判断就变成了我们未来判断的一部分,尽管大多数时候这种过去的判断并不是由我们发现或者首先做出来的,但它们依然构成了我们性格中最深层次的那一部分。因此,我们应当将判断和反思统一在我们欲望的形成中,用其来减轻那些基于冲动和刺激的时候,并且作为对我们所接受的遗产再评估的基础。那么,现在的问题就是我们应该为我们自己选择什么?

　　杜威用这种方式将我们的讨论从对欲望的对象转向了对性格和自我的讨论。因为选择一个想要的对象就是"在事实上选择想成为哪种人或者什么样的自我……它揭示了现在已经存在的自我并且构成了将来的自我。"①即,这个从反思、探究、审度和判断中所被选中的对象,是与现存自我的冲动、习惯和欲望相一致的,这个自我的基础是有机体及其环境,即便这个对象并不是被有意识地选取的,那么它依然反映了现存的自我。选择的每一种可能性都是作为从现在到想象中自我发展的过程,对它们做出的任何一种选择都是自我构成的要素。② 同时,"每一个选择都是在面对一个岔路口,对特定路径的选择既关闭了某些特定的可能性,同时也

---

① LW. 7: 286 - 287.
② 关于杜威哲学中道德想象力、实用主义的想象力或者形而上学的想象力这个论题从属于"道德考量"这一主题,这在亚历山大(Thomas Alexander)和菲斯米尔(Steven Fesmire)的著作中都得到了广泛的讨论,在此不再赘言。

打开了另外一些新的可能性。每个人似乎都是在朝向一个特定的路径,每个人都持续不断地重新设定自我。"①因此,审度或者深思熟虑就是自我"不断地发现什么他最想成为什么样的一个人的过程,这个'最终'的选择塑造着自我,使其成为一个新的自我"。②从中也可以看出,每一个选择都意味着一次价值判断,是一个有意识的行为整体,这种行为选择同样也可以看作是一个自我的选择。因此,自我是在他所选之中展示自己,这种情况正像我们在别人的评价中看到自己的形象一样。同理,对杜威来说,一个行动的道德判断同样也是一种性格判断。一个行动揭示了自我想要或者不想要什么,如果一个行动并没有被判定,那么一种不想要的倾向就被加强,并且因而塑造自我。正如杜威所说,如果自我能够被看作是其自身和其行动的性质的统一,那么自我就可能采取另一种形式。

如果"道德问题是哪一种自我会在未来出现和形成",③那么,自我就会依据他所欲求的对象来改变其结构和价值,因为"不同的自我会有不同的价值"。④ 在不同自我之间的差别就是"兴趣"(interest)或者"动机"(motive)性质的差别,而这种兴趣和动机在杜威看来都是依据审慎的理智思想而定的欲望。杜威认为这种性质应该包括"无论从兴趣还是思想都应该扩展到更广阔的对象中,并且更进一步讲,仁爱的冲动和理智反思的结合是最有可能产生善的行为的动机。"⑤因此,我们从杜威的论述中也可以很自然地推出这样的结论:只有当自我欲求好的结果,并且这些结果促进了受它们所影响之物的幸福,我们才能说自我是善的。

而道德自我的成长则是在某种趋势上的运动,并且被这个趋

---

① LW. 7:287.

② LW. 7:287.

③ LW. 7:295.

④ LW. 7:296.

⑤ LW. 7:298.

势所刻画，而不是因为它拥有某种道德状态。自我是生成的，而
"这种变化的性质中正是德性之所依"，①因为自我发展的目的就
是其自身的成长。尽管我们倾向于旧的、习惯性的自我，并且试图
使其长存，成为评价判断的标准，但那会使我们与真实的、当下的
情境相脱离。相反，一个好的自我是不断地成长，不断地重新塑造
自己，并且在这个过程中是有意识地不断重新使自己适应环境。
一个好的自我是"对可选之项打起十二分的注意，并且极度关注如
何发现新的东西来塑造新的自我，或者说是使自己成长。因为无
论自我过去和现在是如何得'好'，只要他不能回应成长的要求，那
么他就必然会变'坏'。而其他任何判断自我道德状态的基础都是
传统的，事实上，运动的趋势，而不是我们已达到的或者所依靠的
东西，才决定道德的性质"。② 最后，由于自我的成长，自我从较少
的道德自我变成了较多的道德自我（当我说较少和较多的时候，我
意指的是自我的道德含义，即，道德自我），并且因而变得更加自
由。③ 在这里杜威似乎听起来像个存在主义者，但即便我们承认

---

① LW.7：306.

② LW.7：307.

③ 在这个意义上，杜威吸取了康德道德哲学的精华，道德并不是一种对规则的约束，而
是一种真正的自由。但杜威和康德的论证方式截然不同。在杜威看来，责任意味着
一种对性格和行为可欲的修正的可能性。责任的基础是每一个行动都试图通过习
惯形成自我，因为自我总是某种特定行动的行为者。因此，在赞扬和谴责这种形式
的判断中，其目标都是行为的修正。除此之外，并没有任何超越情境的独立原则。
责任应该基于后果，而不是先验的条件。对自我行动所造成的后果，对他人的影响，
"是成长护卫性和指导性的力量。"（LW.7：304－305）而实践中的道德自由是与性
格的成长、学习和修正紧密相关的。如果一个人有不同的性格，那么他的行动也会
截然不同，从而塑造出不同的自我。我们坚持一个有义务/责任的自我，是为了使我
们变成另一种自我，而自由则是在我们发展自己的能力变化自我的时候才能获得和
实现的。变成一个不同的自我就是发展不同的欲望和选择。这让我们想起来杜威
所说过的理想或者规范都是通过反思才被接受的，而这两种方式每一种都会产生某
种特定的行动，不同的行动又会在自我的性格中留下痕迹，从而改变性格，使自我得
到成长。所以，当自我意识到这一点并且努力实现它的时候，实践的自由　（转下页）

他有那么一点点像的话,他也不是传统意义上的存在主义者,因为自我的教化并不是一个内在或者唯一的转变,因为在杜威的哲学中"当自我被等同于欲望、情感和习惯的时候,自我在任何地方都有超越其过去所是,超越现在自我的需求"。① 自我实现不是一个有意识的目标,因为它也有可能阻碍自我的成长,"使自我实现成为一个有意识的目标或许并且可能会阻止自我将全部注意力集中在那些可能会给自我带来更大发展的诸关系上。"②

通过以上的叙述,我们可以看到成为有德性的人就是成为某种特定的自我,而这种自我将为其承担责任,并且运用其自由来重建自身和环境的关系。通过发展我们的能力来转变自我这种方式得以实现自由,但这并不是让自我退回到自我实现之中,因为自我实现这个概念容易将自我和他人,以及他所处的并且赖以成功的环境相分离;同时,他也不是传统的自我概念,因为传统的自我并不强调理智对习惯的调节作用。在杜威的自我概念中,使我们在不稳定的环境中保持自我运动趋势的是德性,它被理解为在易变情境中两极端的中道。而自我是通过这种趋势来刻画的,这就是说自我的生命体、习惯和情境能够在相互的有机作用中保持一种平衡,并且自我在这种平衡中的每一个时刻都发生着改变,因而,"坚强的性格"(strong character)就可以不断地重新调整自我和情境的关系,并且保持自我相对稳定的发展轨迹。那么,现在的道德问题就变成了这种趋势是什么? 因为每一个自我都有不同的价值,依据不同的行为而有不同的习惯整体,它也就有不同的趋势。

(接上页)就发展出来了。从这个意义看,杜威认为自由潜在地就是构成自我的一部分。自我有成长的能力,也有据其过程指导行动的能力,这都既是主动自由的体现,也是自由的获得,而我们自由的程度也是我们对这种能力的意识和实现为其限度的(LW.7:306)。

① LW.7:307.

② LW.7:302.

因此,在杜威看来,成为一个好人/善人就意味着要部分地把握住这个过程,并且对其保持充分的意识。在这种重构中的道德自我,我们发现了另一种讨论自我结构的方式。在上一章中,我们是从问题情境中如何解决问题的角度来分析了道德自我,我们将自我的结构看作是由"一套特征"(set of traits)构成的一个相对稳定的结构,是在一个自然过程中的事件。① 而在这里,我们则试图通过将自我的趋向问题作为道德问题的核心,这个道德自我最重要的问题就是如何保持自我这种暂时的趋向,即,价值是我们如何理智地重新调整自我和情境之间关系的结果,这不仅是一个如何解决问题情境的问题,而是如何调整自己的性格以便对此情境保持敏感,而这些都包含在一个"有德性的自我"(virtuous self)之中。这个有德性的自我对杜威来说不仅意味着自我各种能力(道德、认知、创造力等)的发展,而且还向我们指出如果想要过一种充满意义和满足的生活,就只有通过我们理智和道德能力,即,德性的发展才可能。② 既然在我们对杜威哲学的重构中出现了一个有德性的自我,将其拉入了德性论的视角之中,那么为了使这个重构经得起检验,我们下一步要做的就自然是要进一步深入研讨一下杜威对德性的看法,特别是他对具体德性的相关观点。

正如亚里士多德将德性看作是在两个极端之间的中道一样,杜威的德性概念可以被看作是在教条主义(dogmatism)和道德怀

---

① 杜威强调:"所有的结构都是某种东西的结构,任何被定义为结构的东西都是事件的某个特征,而不是它内在的东西或是其所是。一套特征被称作结构,是因为它限制了它与这个事件其他特征之间的关系。"(LW. 1: 64)

② 在亚历山大(Thomas Alexander)的《人类的爱欲》(The Human Eros)一文中,亚历山大认为他在杜威哲学中发现的杜威的爱欲是"使生活趋向一种意义和价值的积聚,而这种意义和价值则由我们所处的文化所提供的,这意味着人的起点不是无所沾染的白板。"所参看:The Human Eros, in Philosophy and the Reconstruction of Culture, ed. by John Stuhr, 203 - 23. Albany: State University of New York Press,1993。

疑论(moral skepticism)之间的中道。在这里中道的意思一方面是指执其两端而用中之意,从另一方面来讲,这个中道的德性本身也是一个极端,因为它本身就是最好的,是一端,与恶或无德相对。正如柏拉图认为智慧、正义、勇敢和节制是四主德,亚里士多德在《尼各马可伦理学》中详细讨论了各种德性一样,在下面我将选取三种杜威所认为重要的德性简略加以讨论:开放的心态(open-mindedness)、批判性的反思(critical reflection)和自治(autonomy)。① 在讨论这些具体德性的时候,我则采用一种亚里士多德在《尼各马可伦理学》中所采取的方法,即:举其两个极端来证明其是中道,举其相对应的恶来证明其是美德,最后则论述其特点。

开放的心态:在帕帕斯(G. Pappas)看来"尽管杜威认为开放的心态在杜威的道德哲学中是一种补充性的德性(complementary virtue),但它在杜威关于经验的论述中则发挥了至关重要的作用。"②但是在我看来,开放的心态对杜威整个道德哲学,特别是对道德自我的发展和实现来说,都具有极其重要的意义。杜威对开

---

① 选取这三个德性的灵感来自于柏拉图的四主德,在柏拉图的四主德中,智慧作为wisdom(理论智慧)和phronesis(实践智慧)的综合对应于杜威的批判性的反思,勇敢则是和开放的心态相关联,而节制和个人的正义则与杜威的自治相类比,至于社会的正义将在下一节个人——共同体关系中得到讨论。自然,这种类比是很粗糙地择其相似点,杜威本人并没有抱有这种看法。而在具体的论述上则多得益于帕帕斯(Gregory F. Pappas)《杜威的伦理学:作为经验的民主》(*John Dewey's Ethics:Democracy as Experience*)和萨维知(Daniel M. Savage)的《杜威的自由主义:个人、共同体和自我发展》(*John Dewey's Liberalism:Individual,Community and self-development*)中有关论述的启发。在前一本书中,帕帕斯将开放(openness)、勇敢(courage)、敏感(sensitivity)、良知(conscientiousness)和同情(sympathy)看作是杜威最主要的德性,而在后一本书中,萨维知则认为批判的反思(critical reflection)、创造性的自我(creative self)和社会性(sociability)作为杜威德性概念的核心。

② Gregory F. Pappas:*John Dewey's Ethics:Democracy as Experience*. Bloomington & Indianapolis,Indiana University Press,2008. p. 187。

放心态的定义是"它是一种将我们从偏见、党争和那些闭合心灵的习惯以及不愿意面对新问题,接受新观念的态度中解放出来的一种态度。"①从中道的意义上说,开放的心态可以说是教条主义的墨守成规和道德怀疑论的变化无常的中道态度。前者使变化成为不可能,后者虽然意识到变化的存在和连续性,但却认为在这种无端的变化中自我毫无能力反抗命运,只能任其摆布。在杜威看来,这两种态度都是不可取的。开放心态之所以重要,一方面是因为它是我们理智的一部分,是我们理解我们的具体习惯和改良我们经验的前提条件;另一方面,开放的心态是我们进入一种审美的道德生活(aesthetic moral life)的必要德性,是我们能够在道德绝对主义和无政府主义中保持平衡的根本所在。而道德上的绝对主义和道德上的无政府主义这两种恶,正是我们道德进展之大敌。开放的心态有两个重要的特点:一个是它意味着一种朝向新事物的态度,"它[开放的心态]比这个词本身所暗示的还要积极、主动得多,是与无聊的'空心'(empty-mindedness)截然相对的。……它标志着一种主动倾听多方意见的欲望,对其他替代可能性的关注"。② 另一个特点则是开放的心态意味着一种互动的能力(capacity to interact)。它是自我希望和意愿去经历一种新经验的态度,正如杜威所说:"它是一种让经验积累,并且沉潜和成熟的意愿",③是使自我变得更加暴露、更加敏感、更易被感动,使自我能够认识到自己的局限和脆弱,从而有利于我们道德经验的累积和道德自我的发展。

批判性的反思:④对大部分的哲学家来说,如果批判性的反思

---

① LW. 8:139.

② LW. 8:139.

③ MW. 9:183.

④ 在此处需要指出的是,这里所谓的批判,并不是康德意义上的用法,即不是探究前提、条件,划定界限,而是黑格尔意义上的表示判断和否定的意思。

能被当作一种德性的话,那么它最多也只能算作是一种认识论上的德性。但是在杜威看来"由于反思是确保更自由和更持久的善的一种有效工具,因而反思就是一种独特的内在善(intrinsic good)。反思工具性的有效性决定了它可以被当作是一种直接的善(immediate good),因为与其他的善相比,它更有补充和结果(replenishment and fructification)的能力。在反思中,显现出来的善和真正的善是无比一致的。"①因此,反思性的批判乃是教条主义的绝对真理主义和道德怀疑论的道德主观主义的中道。在杜威看来,正是由于批判的反思关注的是已经存在的信念,它假定了事先存在的善,但它并不将这些善一次性全部地进行批判,而是对那些陷入问题中的善或者信念进行批判性的反思。所以,批判性反思首先的一个特点就是它关注观念的不一致性以及具体情境的不相适性。反思性批判的另一个特征就是它的想象预演(imaginative rehearsal)。在杜威看来,这种想象中的预演就是我们运用理智对问题情境中可能替代方案进行模拟,来检验这种方案所带来的结果究竟是什么样的,看看这种结果是否真的有助于我们道德的提高以及自我的发展,如果是,那么再通过实践对其进行进一步的检验。这是杜威道德哲学中最重要的一种道德推演,只有经过这种道德推演,我们才是深思熟虑地进行选择,才能有效地重构我们的道德情境。

自治:将自治这个概念作为一个道德概念而非政治概念,无疑带有很重的康德哲学的痕迹。它表明了一个具有理性意志的组织或个体的自我管理、自我更新的特征。它之所以重要乃是因为它始终都是和自我实现和自我发展相关联的。

依照我们对杜威道德哲学的理解,与自治相对立的恶就是不自治,因为自治是一种特殊的德性,杜威将其看作是"德性和自由

---

① LW. 1:303.

的统一",在此意义上,它有些类似亚里士多德道德哲学中习俗德中的"宽大"(megalopsychia/magnanimity),在亚里士多德看来,当一个人具备了这种德性的时候,我们就说他具备了全部的德性,是德性的顶峰。对杜威来说,自治也是一样,当我们说一个人是自治的时候,就意味着他拥有了良好的品质,他既具有开放的心态,又具有反思的批判能力,同时他知道如何调节自我和其所处情境之间的关系。具体来看,对杜威来说,自治是自我为达成善好目的的一种努力,是自我运用其能力在诸选择和行为中决定哪个更好以及更坏的意志,是选择自己的目标以达成自我实现的能力。正如萨维知所言,对杜威来说,自治之所以是一种德性,乃是因为"它所朝向的善是为了实现自我发展",[1]因为德性是需要被教化培养的,所以自治也就成了一种成就,并且因为德性不仅仅是达成幸福生活的一种手段,它们本身就是幸福生活的一部分,所以我们所能达到的自治越多,我们就越能实现我们的幸福生活。因此,杜威自治概念最重要的一个特点就是自我决定(self-determination),自治是为了达成好生活的一种必要条件,因为一个自治的人知道自己要选择什么,并且是自愿地选择这种行为的。

最后,需要注意的是,尽管在这一节中我们对杜威形象的塑造更接近于一种德性伦理学家,但事实上,杜威不仅和以亚里士多德为代表的传统德性论者相距甚远,就是和当代的德性论者(例如麦金泰尔)相比,其间的差异也是很明显的。例如,德性论者大多都坚持理性德性和道德德性的区分,但对杜威来说,理性德性也是在习惯的改变和养成中形成的,而道德德性也是经过理智的反思性批判形成的,因此,我们很难在理智德性和道德德性之间做出截然

---

① Daniel M. Savage: *John Dewey's Liberalism*: *Individual, Community and self-development*, Carbondale and Edwardsville, Southern Illinois University Press, 2002. p38.

地划分。此外,德性论者都坚持一种目的论,并且这种论是一个有等差的目的论,否则人道德生活的整全就是不可想象的,但对杜威来说,无论是理念论的目的论或者是生物学的目的论,都是不能接受的,目的必然是在自我和其所处情境的相互作用和适应中不断形成和修正的,任何一种确定的和鼓励的目的都是不能成立的。但是,如果我们考虑到亚里士多德《尼各马可伦理学》中另外一种表述的话,即对德性功能性的表述(在亚里士多德传统中,说 X 是好的,就意味着它实现着自己的功能,也就是说想要把具有 X 特性的事物作为自己目的的人都会选择 X 类事物),那么杜威道德哲学则可以和这种德性论相兼容,因为毕竟对杜威来说,自我所有的德性都只是一种适应我们所处环境的改变所能采取的最好的方法而已。而且,正是从功能主义这个角度上,我们发现了向亚里士多德的回归。这种对"道德自我"及其德性的功能主义式的理解,使得我们能够将个人的道德生活作为一个有机的整体来对待,这达到了我们在第二章中通过文本的重构所完成的相同目的。

第二节　道德自我与公共问题

在讨论完杜威的道德自我的结构及其德性之后,我们可以了解到在杜威看来,自我最重要的特征之一就是其社会性,就像他对亚里士多德名言的解读:人就其本性而言是政治(社会)的动物,但这绝不意味着动物进入社会变成了人。但是,杜威的这种主张绝不意味着在他看来个人和社会或政治共同体就完全是和谐一致的,特别是如果我们考虑到人类政治生活的现实和历史,个人和其所处社会和制度的斗争似乎从来就没有停止过。那么,在杜威看来,个体和共同体之间到底是什么关系呢?是否像有些学者(包括一些后现代主义和政治保守主义)所宣称的那样,杜威是一个激进的自由主义者,是像后现代主义一样主张一种严格的公私领域二分以及自由的消费主义。① 但与此同时,我们却发现在另一方面,杜威也同样受到那些自由主义者的攻击,认为他的哲学中有太多集体主义(collectivism)的倾向。那么,我们到底应该如何看待杜威关于自我和共同体之间关系的论述呢? 在本节中,我们将首先考察杜威对公共性和共同体界定,其次考察他对自由主义的批判和重建。

为了回应李普曼(W. Lippmann)对民主社会中精英统治重要性的反驳,杜威在 1927 年出版了《公众及其问题》(*The Public and Its Problems*)一书,在这本书中,杜威试图较为详细地阐述他关于共同体的观点,特别是关于自我和社会之间的关系等问题。杜威的出发点不是从共同体应当(should be)是什么样的开始,而是从我们的基本政治现实开始,他发现"只有从[私人/公众]这个区分开始,我们才能找到理解国家(state)本质和功能的关键。"②杜威发现,根据我们行为所产生后果的不同影响,我们可以区别出两种不同的类型: 其中一类是我们行为的结果所造成的影响仅仅是"那些在交互行动中直接参与的个体";而另有一些行为的影响则是"超越了直接地考虑而影响到了其他的人"。③ 在杜威看来,前者的行动类型就可以被恰当地称作是"私人的"(private),而后者则被看作是公共的(public)。杜威假定那些被其他行为所间接影响的人就需要有人来帮助他们照看自己的利益,并且由于这些人的数目巨大,以至于要由他们自己来做出能够相互协调的决定是

---

① 最典型的代表就是罗蒂将杜威称为"后现代主义者的资产阶级自由主义"(postmodernist bourgeois liberalism),参见 Richard Rorty,"Postmodernist Bourgeois Liberalism" in *Hermeneutics and Praxis*,ed. Robert Hollinger,Notre Dame,Ind.:University of Notre Dame Press,1985,pp. 214 - 221.

② LW. 2:245.

③ LW. 2:243 - 244.

不可能实现的,因而,他们就通过代议制(representatives)来推举相应的公共事务管理者来组成政府(government)。① 但在杜威看来,政府并不就代表了国家,因为国家不仅仅是由政府构成的,它还包括了那些让渡权力的公众,因此,杜威将国家界定为:"受影响的公众通过官员来保护他们共享的利益的组织",②并且杜威认为这个定义只是一个形式上(formal)的陈述,如果我们要真正地理解公众是什么,政府是什么,以及他们是如何发挥作用的,我们就必须从历史中去寻找答案。

在杜威看来,私人和公众的界限的划分乃是基于"那些需要控制的重要行动的结果在范围和程度上是否需要被禁止或者提倡"。③ 而这种范围和程度也就是国家管理所应该达到的地方,超出了这种地方的行为则都无须国家行政权力的干预。但杜威同时坚持认为我们并不能提前为国家的控制划定范围,因为它们必须通过实验的方法来进行决定。他同时也指出公共行为具有某些重要的特征:即,"这些行动结果的特性就是无论在时间还是空间上都影响深远,并且它们在本性上是固定的、始终如一和反复发生的,因而它们是不可挽回的。"④这也是为什么杜威拒绝将任何一种特定的组织称为是私人的原因所在。毕竟在原则上,国家可以"修改任何形式的组织运行所需要的条件",⑤因为"无论是普遍投票权、经常性的选举、多数人统治的原则或者议会和内阁制都不是

---

① 杜威在这里关于政府起源的看法基本和洛克在《政府论》中的看法类似,个体为了更好地照顾自己的利益而让渡出原本属于自己的一部分权力,从而构成政府。但杜威并不承认这是一种有意识的"社会契约",虽然无论是洛克的"公民社会"(civic society)还是杜威的公众都是一种民主的联合方式,但是它们联合的方式和所能达到的程度是有区别的。

② LW. 2:256.

③ LW. 2:245.

④ LW. 2:275.

⑤ LW. 2:280.

神圣不可改变的东西,它们只是些随着当前趋势不断演变的策略和手段。"①随着国家行使其管理功能的需要,这些策略和手段都随时可能被修正。

对杜威来说,达到这个目标的关键前提就是公众的参与者要有清楚的意识,他们彼此之间有共同的利益,并且正是由于这个原因他们才会让渡出一部分权力组成政府。但在杜威看来,问题在于在现代社会中这种民主的公众才刚刚开始,并且没有被很好地组织起来,而现代社会中国家权力在很大程度上已经无处不在,使得人们都忽略了公众的存在。② 因此,对杜威来说,现代社会的政治现实所面临的中心问题就是如何促进公众的自我认同(self-identification),毕竟存在着"太多的公众以及为了应对我们生存的资源公众所需要关心的事物"。③ 而为了达到公众自我认同的目的,杜威认为我们就应该"促进我们辩论、讨论和说服的方法和条件,这就是公众的问题所在。并且在这种提高要假定我们必须依靠对这些结论探究和宣传过程的解放和完善。"④一方面,杜威意识到这种对探究的解放和宣传的过程必须依靠专家或者精英来进行;另一方面,他又通过强调地方共同体的重要性,认为这种通过探究形成的专业建议必须要在公众的意见中得到表达才可能起作用。因为在杜威看来,公众的意见乃是评判专家工作的根据所在,因为他们更能够体现公众的利益或兴趣。但是这种探究的目的,并不是像瑞恩(Ryan)所言那样是"一种多元主义的观点,杜威对政府角色和目的的描述使得它成为一种消除我们自愿行为的负面结果的组织,并且这种行为有利于我们避免我们没有预期到的坏

---

① LW. 2：326.
② 值得注意的是,在杜威看来,这个"公众"不是单数的,而是复数的诸种"公众"(publics)。
③ LW. 2：314.
④ LW. 2：365.

的方面以及我们在将来可能遇到的麻烦",①在这里杜威的目的并不是要扩大政府的权力,以及在诸种意见中保有一种独断裁决的能力,而是要通过基层的共同体组织来促进社会的和平和有效运作。在杜威看来,国家从诞生之日起,就是和这些基层组织不断进行互动的过程,因此,我们判断一个国家好坏的标准也是"当一个国家是个好国家,当公众的管理者真正地为公众的利益服务,这种互动的效果有极端的重要性。它使那些可欲的联合变得更加稳固和连贯,它间接地澄清了这些联合的目的并且净化了它们的行为。它将有害的组织标识出来并且减少其对生活的危害。"②通过提供这些服务,在杜威看来,国家就为各种组织中的自我提供和创造了更大的自由和安全,它使得个体能够理性地确定自己要做什么,以及如何做才能促进其所属联合体的利益。③

但是,正如我们在最开始指出的那样,尽管杜威认为私人——公共/公众的区分是理解国家的关键,但杜威却对这种区分谈得很少。他也注意到"在私人(private)和公共(public)之间的区分绝不等同于个体(individual)和社会(social)的区分,尽管后者区分的确定意义是我们的一种假定。"④因为很多私人的行动也可能是社会的,他们的行动结果可能对整个共同体福利的促进有利,更何况在一种更宽泛的意义上,任何两个或者两个以上的人之间发生的那种处于审度的行动在性质上都可以被看作是社会的。尽管

---

① Alan Ryan: *John Dewey and the High Tide of American Liberalism*. New York. Norton & Company Ltd, 1995, p. 218。

② LW. 2: 279 - 280.

③ 在此处需要注意的是,杜威对自由的定义和传统的自由主义者并不相同,例如,霍布斯将自由定义为"没有阻碍的运动",康德将自由界定为"符合实践理性的行动",而杜威则将自由看作是"在与他人丰富和多样的联合中,确保自我潜能的释放和实现",(LW. 2: 239)通过这种方式,杜威就将传统上被视为个体属性的自由当作一种社会行为来对待。

④ LW. 2: 244.

我们可以说,杜威之所以没有对这个区分说更多,是因为"他不愿意将公众和私人的领域当作某种固定的分离,正如我们普通人倾向于做的那样。因为这样可能会使我们忘记这两者之间的相互依存关系。"①但是,在我们看来,更重要的一个原因也是我们在导言中曾经说过的那样:尽管不愿意,杜威依旧总是被迫做普遍性的陈述,因为他的实验主义的方法要求他在对具体情境进行分析之前不能做任何决定,因此,对杜威来说,剩下的就只有这种描述性地划分了。

正是由于杜威在公共——私人之间的划分缺少一种明确的界限,使得他可以将自己与之前的传统自由主义区分开来,因为在杜威看来,他自己所寻求重建的不再是一个建立在基础主义或主体哲学之上的新自由主义的可能。② 就像我们在上面看到的,杜威将自由界定为"自我潜能的释放和实现"这意味着自由不是免于某种东西的消极自由,而是主动有所成就的积极自由,正是这种积极的自由才使得杜威主张的"斗争的自由主义"(fighting Liberalism)成为可能。③ 这种"斗争的自由主义"就是"将自由同时看作是目的和手段,相信自由是获得幸福的诀窍,而勇敢则是获得自由的诀窍。相信思想和言论自由是发现和传播政治真相不可或缺的手段……而自由最大的敌人就是死气沉沉之人(inert

---

① David Fott: John Dewey: *America's Philosopher of Democracy*. Rowman & Littlefield Publishers, Inc. 1998, p. 32.

② 当然,我们也可以像 Elder 所做的那样,将杜威对这种对自由主义的改造放在美国二十世纪二十年代到三十年代的大背景中进行分析,例如美国的经济大萧条,美国城市化的基本完成以及自由主义民主社会本身出现的种种专业化,官僚体系和资本垄断所造成的社区瓦解,大众消费以及传媒社会的危机等等。可以参看 Elder Abraham: *Ethical Theory and Social Change* New Brunswick: Transaction Publisher, 2001. 以及孙有中:《美国精神的象征:杜威社会思想研究》,上海:上海人民出版社,2002 年。

③ LW. 11: 48.

people)"。^① 这就是说,在杜威看来,没有任何一种制度或什么东西能够一劳永逸地保障自由,我们唯一的武器就是个人的理智,在日常生活中通过行动来获取知识,通过理智来指导行动,从而解决公共问题,调节我们所处的社会情境。

因此,在我们看来,正是从"个人不可分割的社会性"(像我们在上一章和这一章第一节指出的那样),"公共"和"私人"之间似明实暗的区分,以及对"多元共同体"(plural publics)和"基层社区"的强调,使得杜威有别于以往的基于个体主义之上的自由主义(Liberalism based on individualism)。对杜威而言,过往自由主义者的最大包袱就是对他们的价值持有一种非历史的信念,即他们无法"掌握诠释自由的历史位置,因而其所造成的结果恰恰是巩固了他们以后的社会体制,后者却构成了自由主义者先前所宣扬的目标的障碍"。^② 因此,早期自由主义者无论是在经济上还是在社会政治上,都倾向于把放任当作绝对意义上的自由,而在杜威看来"放任自由主义者不过是另一种形式的绝对主义者"^③。正是在这个意义上,杜威认为早期自由主义的一大问题在于无法把自由区分为法律上或形式上的自由(formal liberty)和思想以及行动上的有效的自由(effective liberty),因此完全忽略了要达成后者所必须的反思行动和自我及其所处社会条件的关系,从而持有一种非历史、非社会、固定的个体性(fixed individuality)观念,把个人孤立于社会或任何组织化的社会行动之外。如果我们从杜威的"公共——私人"领域的划分来看的话,任何一个特定的行为到底是具有直接的后果还是间接后果这个问题似乎是一个经验问题,因为同样一个行为在不同的情境之中可能产生完全不同的效果,那么

---

① LW.11：47-48.

② LW.11：38.

③ LW.13：126.

公共与私人的划分就是随着时间、空间的不同而变化，由此带来的结果就是我们对政治和非政治之间的区分也是随着具体的情境而变化的！那么国家怎么办？国家是否还是一个确定的、拥有固定结构和组织形式的体制呢？对此杜威并没有明言，但可以确定的是，杜威主张我们可以从另一个角度来理解这个问题，即，我们可以将国家理解为公众规约人们的行为所产生的间接后果所有权采用某种具有一定趋势性的行动，因此，国家的职能就被限定在那些为公众所经验到的现实的需要的范围之内。依照这种"公共"和"私人"的理解，杜威主张一种有限的政府（limited government）形式。[①] 毕竟在我们的现实生活中，起作用的并不是一个单数的、同质化的国家，而是众多具体的、形式各异的组织和共同体，正是这些多种多样的共同体构成了国家功能的运转。因此，杜威也将国家看作是次一级的上层建筑（如果我们用马克思主义的语汇来描述的话），"公众是一种基础的共同体，而国家则是一种特殊的次级共同体形式，它具有明确认定的职能和执行机构。"[②]在杜威看来，如果国家的政府超出其服务公众的职责而行使一些"新的和特殊的权力，那么这种运用就被看作是出于他们的私人原因，因而政府就变得腐败和专断"，这就是为什么在杜威看来将国家和政府等同在道德上是不可接受的，因为"这就意味着我们所认为的在统治者和被统治者之间做出了区分"。[③] 也正是出于这种对政府的不信

[①] 从这一点上我们也可以理解为什么将杜威看作是一个自由主义左派是不恰当的，并且也可以理解为什么在三十年代他会反对罗斯福的新政的同时也反对苏维埃共产主义。

[②] LW.2：279，如果我们从这个意义上来理解杜威对国家和政府的理解的话，那么我们可以说杜威所主张的是一种真正的"民本主义"，即国家不过是人民为了满足其各种需求以及价值实现，通过有意识或者无意识（从人的社会性上来理解的话，人自然就是出于某种组织关系中的）组成各种公众团体，通过采取政府这种具体的政治形式来实现它们。

[③] LW.2：277.

任,再加上在现代社会中公众在面临各种经济、社会和伦理问题时,往往很难找到或者达成共同的利益,因此,在现在这样一个科层化、理性化的现代散众的社会中(韦伯用语),个人如果脱离了先前的基础共同体的连带,就会被抛入一个非人格化的社会情境,那么我们如何才能找到并且重建这样一种有"共同利益"或者"共通事物"的多元公众呢? 杜威的答案就是必须从地方做起,从重建地方性的社区共同体开始。这也是为什么杜威格外地重视基层共同体的重要作用,他认为,"只有当我们从基础共同体作为一个事实出发,在思维中把握这个事实,澄清并强化它的构成要素,我们才能达到一种非乌托邦的民主观念。只有当我们把传统上和民主这个理念勾连在一块儿的概念和规则变成人们结合的特征与印记,从而使这个结合体现了社区共同体之所以为基础共同体的特性,我们才能说这些概念或规则有实实在在且能指导行动的内容。如果我们从这种基础共同体的生活中分离出去,那么类似于博爱、自由、平等之类的理念不过是无望的抽象。"①

如果依照杜威对这种自由主义的批判来看,在他的眼中,建立在这种非原子式个体主义之上的新自由主义的民主社会会是什么样的呢? 杜威认为这种民主的观念首先是一社会性的观念(social idea),因此它有别于"作为一个政府体系或者管理形式的政治民主"。② 因此杜威认为:"从个人的立场看,这个民主概念包含了每个人各尽其所能地负责形成与导向他所属的团体的活动,并且各取所需地参与这个团体所维系的价值。从公共的立场看,这个民主概念要求解放团体成员的潜力,使之与共通的旨趣与利益产生和谐。因为每一个人都属于很多不同的团体,除非不同的团体能够弹性地且充足地和其他团体产生联系,否则这个民主概念不能

---

① LW.2:329.
② LW.2:325.

成立。"①在杜威的这个界定中,我们又再次发现了我们之前曾经说过的杜威对自我的理解:个体性并非代表着一成不变的本性,它事实上是由不同的社会关系相互作用而形成的。个人与公共并不构成对立的关系,而是一种多层次、多方位的联合,这种联合性是对自我以及生活于其中的环境的一种基本事实的描述,并且这种联合的共同体最终的目标是为了自我的发展。正是出于这种联合性的考虑,杜威才能主张一种"作为生活方式的民主",而不仅仅将民主看作是一种管理或统治形式,在这里杜威期待的是一种富有成效并且能使自我生活的意义不断获得成长的可能性的共同体的出现。在这种视域中,个体和社会之间的对立被消解了。但是在这种消解中,我们却发现了杜威对自由主义重建中吊诡的一面,他一方面要将自由主义从僵化的教条主义中解放出来,让自由主义成为一个能体认并作用于价值的相对性之上的社会力量;但另一方面,杜威却是坚定地相信自由主义应该有持久的(enduring)目的和信念"个人的解放即是把实现每个人的能力(capacities)当作他们生命的律法"。② 之所以会出现这种情况,乃是因为杜威的民主概念乃是建立在一种转化的过程之上,是如何从一个"大社会"(great society)转变成一个"伟大的共同体"(great community)的过程,而这个过程应当如何实现,杜威给我们的提示却仅仅是要通过一种"社会的探究",而避免任何一种具体的固定形式。

---

① LW. 2：327 - 328.
② LW. 11：41.

结论：作为一种教育目标的
"道德自我"

　　尽管杜威从来没有写过一本单独的著作来讨论"道德自我"的问题，并且他关于这个问题的看法在其漫长的职业生涯中发生过各种改变和变形，但关于道德自我这一问题在杜威的思想中始终占据着一席之地。尤其是在现代道德哲学中，当我们考虑到究竟应该用什么样的方式来处理我们碰到的道德问题时，很少有道德哲学家试图从道德自我的观点来对待我们的道德生活。因此，对杜威哲学中道德自我概念的重构就不仅是一种可行的，而且是一种有益的努力。

　　如果我们将目光拉得稍长一些，我们就会发现杜威对道德哲学，特别是"道德自我"问题的处理和近代哲学史以来的其他哲学家（这不仅包括了自笛卡尔到杜威同时代的哲学家，也包括其稍后的一些哲学家）都迥然相异。在笛卡尔看来，人的精神生活和道德是由没有广延的心灵实体所产生和保证的；在洛克到休谟的英国经验论主义那里，"道德自我"不过是一些直觉和印象，自我的统一性和连贯性是记忆和联想构成的，人的道德性是由情感产生的；而康德则将自我的统一性归于先验统觉，自我的道德性则由抽象原则来决定。这两种路向一直到二十世纪都没什么太大的变化（虽然经过了种种变形），例如摩尔（G. E. Moore）在《伦理学原理》（*Principia Ethica*）中就通过分析道德属于的定义来说明我们对于"善"的观念的建立乃是依赖于一种"自然主义的谬误"（naturalistic fallacy），因此，道德的善不能够被定义为快乐或其他任何"自然的"性质。[①] 黑尔（R. M. Hare）在《道德语言》一书中也通过讨论道德语汇，特别是善这个词来揭示出道德语言所具有的描述性和评价性的双重功能。[②] 而艾耶尔（A. J. Ayer）和斯蒂文森（Charles Stevenson）则试图强调道德哲学的术语中所蕴含的情感意义。[③] 而罗斯（W. D. Ross）则并不在意道德语言的澄清，而着重于对行动进行正当和错误的区分。[④] 无论从哪个方面来看，这些道德哲学家在讨论道德问题的时候，首先关注的都是道德判断，而非道德自我，即便在他们涉及道德自我的时候，也很少有人像杜威一样从心理学、社会学和人类学的角度对道德哲学中的道德自我概念进行考察。在艾耶尔的《人格的概念及其他论文》（*The Concept of a Person：and Other Essays*）一书中，艾耶尔讨论了四种类型的个人概念：即，施特劳斯（Strawson）的个体概念，维特根斯坦（L. Wittgenstein）的观点，赖尔（G. Ryle）对身心二元论的批判以及哈姆普谢尔（Stuart. Hampshire）对将自我作为被动有机体（passive organism）的批判。[⑤] 艾耶尔在结论中说："对于我的任何一种经验事实上都是我身体的存在作为经验发生的直接和必

① G. E. Moore：Principia Ethica，Cambridge：The Cambridge University Press，1903. p. 10 ff. 摩尔所谓的"自然主义谬误"主要是指传统伦理学总是在给不可能定义之事物下定义，是将价值归结为事实。在摩尔看来，我们只有通过直觉的方法才能得到道德哲学中的基本定义。

② R. M. Hare：*The Language of Morals*，Oxford：The Clarendon Press，1952，特别可以参看概述第二章关于"善"的讨论。

③ 可以参看 A. J. Ayer：*Language，Truth and Logic*，London：Victor Glance，1936. 和 Charles L. Stevenson：*Ethics and Language*，New Haven：Yale University Press，1944.

④ W. D. Ross：*Foundations of Ethics*，Oxford：Oxford University Press，1939.

⑤ A. J. Ayer：*The Concept of a Person：and Other Essays*，London：Macmillan；New York：St. Martin's Press，1963.

要条件,……自我的认同必然是在某个特定的时空中与其他人相关联的"。① 在艾耶尔看来,一个行动总是需要一个行动的主体来实施,但是他并没有分析道德主体和其行为所遵照的原则之间的关系,并且也没有像杜威一样来试图回答现代人最紧迫的道德经验:在一个变化的世界中,一个人应当遵照什么来行动?

在这里,我们认为杜威对道德自我的分析实际上与卢梭那个在森林中漫游的孤独的野蛮人在精神上是契合的。在那里,卢梭第一次明白地表述了作为整全出现的具有某种道德意味的自我(尽管杜威并没有明确意识到卢梭的野蛮人究竟在森林中发现了什么)。在我们前面几章的分析中可以看出,杜威对传统的道德哲学中对"道德自我"的分析都是不满意的,事实上,他几乎是对整个的道德哲学史都进行了批判,尽管他认为在每一种理论中都存在着某种合理性,但从整体上看,它们已经不再适合我们所处的时代了。杜威在其伦理学出发之时(在此处,我们指的是 1891 年发表的《大纲》一文),就试图通过一种批判的方法,利用不同的思想资源来发展出一套他自己关于道德自我的看法。正像我们在第一章中所分析的那样,从早期的黑格尔的观念论,到中期的受进化论和心理学影响的实用主义,以及晚期受社会心理学和人类学(某种程度上的亚里士多德主义和美国新实在论)的影响所形成的独特看法都标识着杜威对道德自我这一问题持久的兴趣和关注。因此,对杜威思想中道德自我观念进行有条理地分析和重建也就是一种势在必行的工作(第二章)。在代表其成熟伦理学观念的 1932 年版的《伦理学》一书中,我们发现了诸多亚里士多德思想的影响和痕迹,特别是亚里士多德对习惯的解释以及理智在习惯中的作用之类的问题上,因此,我们发现了另外一条通过德性论的视角来分析其对道德自我概念的重建之路,通过这种方式,我们认为杜威不

---

① Ibid. 126.

但消解了之前的"自我"和"共同体"的概念，以及它们之间的对立，而且他通过重建这两个概念及其关系，将自己重新纳入到现代道德哲学中的共同体主义和自由主义的争论中(第三章)。

在杜威的思想中，自我的繁荣和发展是与共同体的繁荣和发展紧密联系在一起的。尽管这一点在从柏拉图、亚里士多德开始的哲学传统，一直到康德、边沁、密尔的道德哲学家的讨论中都有所论述，但从来没有一个传统的道德哲学家像杜威一样全面而详尽地讨论了这个问题。例如，功利主义(边沁和密尔)强调行动的结果，而康德则强调善良意志。相反，杜威则试图发展出一套完整的对道德自我的分析，这其中包括道德自我的行动、行为准则，道德自我的性格特征、习惯与其德性，道德自我的发展与目标，并且将这些讨论有机地放在道德自我的统一性之中。因此，从这个角度来说(或者我们可以说从道德哲学史的角度来看)，杜威对道德自我概念的关注和讨论，乃是从亚里士多德以来的所有关于这方面讨论的一个全面总结。另外，如果从实践的方面来看的话，我们也可以说杜威关于道德自我的讨论揭示出了在现代社会中，道德自我如何在不断变化的经验中应对我们面对的道德困境，从而过上一种有道德的生活，这一方面对我们现在重新理解杜威的道德自我概念无疑具有更重要的意义。

从总体上说，杜威的道德哲学所关心的是什么样的一种道德自我在通过自己的潜能和能力得到完全发展的过程中如何能够满足我们所面临的独特情境的需要。因此，对杜威来说，这样的一种道德自我并非是一种遵循某种道德律令或者法则的自我，也不是依据"善"或者"权力"去行动的自我，而是那些真正能够应对和处理每天真实地出现在我们道德经验中的困难和问题。杜威的道德自我概念使我们了解到，我们试图为了某种特定情境而对人们进行的教育注定是要无功而返的，因为那些希望成为有德性的自我，必须要面对的是活生生的，不断流变的情境，在这种情况下，任何一种试图保持情境固定不变的道德准则都是无效的,没有任何一种道德准则能够在时间中保持它的长久有效性。因此,杜威对道德自我的分析是从现代人每天所面临的社会情境和社会因素开始的。他意识到,作为现代人,我们每天面对的情境和问题都是全新的,因此遵照传统或者旧有的准则去行动只会为我们带来新的道德困惑和麻烦,这也是为什么我们会需要一种全新的道德自我概念。杜威在分析旧的道德自我的观念是如何的失效,但在这个过程中我们发现了自我的一个重要特点:社会性。他反对一种确定的和封闭的自我观念。因为自我的社会性,人总是社会的人,因此他时时刻刻都要与周围的环境发生互相作用,在这个意义上,杜威和马克思同样认为自我反映了其所处的社会环境,但在杜威看来,自我却并不仅仅是一个社会和文化的产物。自我永远不是凝固不变的,它是随着其经验的变化而演进的。在自我与其所处的环境互相作用的时候,他也同样在重构自己和生活,正是在这个意义上,杜威认为我们所有的行动都潜在地是具有道德意味的。自我意味着新的发展的可能性,意味着一种创新和实现的能力,因此自我和环境的更新永远都是可能的。世界的改变和自我的构造永远都是在改变之中的,并且这种改变意味着我们道德的不同。在杜威看来,如果我们想要寻找自我的本质结构,那么我们就要研究习惯,因为习惯为自我的连续性和性格的统一性提供了基础,性格是习惯的一种诠释。因为行为总是对什么的行为,总是一种互动和相互影响,因此性格也是社会的。对杜威来说,道德情境就是自我遭遇了一个需要决定和解决的问题,即它需要自我必须做出某种判断和选择。在这个意义上,道德自我不仅仅是一种习惯,它也是一种探究的能力。因为持续不断的生活要求我们做出"正当"的行为,因而,这就要求自我要充分运用一种反思的方式来决定哪一种行为是正当的和有效的。我们之所以需要一种理智反思的方法也是由于我们每天的生活情境中遇到的问题都是特殊的,因而我们不能够用一种提前决定了的道德体系来解决这个独特的问题。同样是出于这个原因，我们发现当我们试图依赖传统的权威来解决现代的道德问题之时，我们总会碰壁。因此，一种真正的道德必然是适应某种特定情境的道德，而所有的道德原则，无论它之前多么的成功和完美，都只能被当作是一种实验的方式来对待，是需要通过具体的实践得到证明的东西。在考虑到处于道德情境中的道德自我的时候，杜威发觉康德和密尔的观点可以相互补充，即结果确定一个行为的性质，而习惯性的习惯则表现了动机的性质。从这点出发，杜威认为道德自我的行动总是具有某种特定的意图，道德自我的行动总是朝向某个特定的目标或者考虑中的目的（end-in-view），这种有意识的行为就被杜威称为自愿的行为。

由于环境处于变化和演进的过程中，这一事实决定了我们所面临的每一个道德情境都是特殊的，因此道德自我的经验也总是处于不断地转变过程中，但同时，在这种转变中，我们的经验也是一个积累的过程。因此，即便是用实验的方法来解决我们所碰到的道德问题之时，我们用以解决问题的这种实验的方法也同样可能造成新的问题，在这个意义上，道德生活永远也不会终结，而任何固定的原则和教条都不仅仅会在时间中变得过时，而且它们在道德的进步中同样会变成一种阻碍。这就要求道德自我必须学会如何反思性地适应，对每一个道德情境都进行特殊地对待，因此科学方法本身也并不能被当作是一种自我完善的教条，它只是我们道德可能性的条件。在道德情境中的理智反思所带来的就是我们审度和有意识地重建活动，这种重建活动既包括了对我们社会和道德教条的修正，也包括了自我的建构，通过这种方式，我们才能满足每一种特殊的情境所需求的东西。因此，道德自我也被看作是一种主动的理智。当我们说道德自我是一整套统一的习惯的时候，自我可以应用这种习惯来应对日常反复出现的问题，但由于道德情境的不稳定性，自我所处的情境时刻都可能出现新的情况，这个时候习惯就会失效,而理智地探究则是唯一恰当的替代物。那么,为什么我们在很多时候并没有选择这种探究的方式来处理我们所面对的道德问题呢? 在杜威看来,这是由于旧的习惯的力量太强大,以至于任何一种改变都会非常困难。此外,这种探究的方法要求我们学会如何用正确的方法思考,即,只有当自我养成了一种反思性思考的习惯的时候,我们才能够在每次遇到问题时都采用这种方式来解决问题,而我们的行为也就会变成真正的道德行为。从反思性地思考和理性排演这一点出发,杜威认为在理智和欲望之间不存在传统哲学家所认为的那种对立性的矛盾,因为欲望在杜威的道德哲学中同样是自我行动的动机。同样,杜威也反对传统哲学中理论和实践、知和行之间的对立,在他看来,知只是行的一种特殊形式而已,理论也是组织我们探究目的的一种方式。这些区分对道德自我来说都只具有工具性的意义,都是为了解决特定问题的方便之举,而不存在任何实质性的差别。

如果道德自我承担着构建"善"的责任,那么在杜威看来,传统哲学中争论价值是客观的还是主观的,是直觉还是情感这种问题就很容易被解决。因为价值表现了现实的某种条件,因此,在价值的建立过程中,存在着客观的方面,而我们之所以能够判断某物是否有价值,是因为自我对生活中多种经验的比较,我们在这个经验中拒绝把某种东西当作价值,而在另一种经验中则将其当作有价值的,这构成了价值的主观方面。但这样的看法对杜威来说还是不够的,他更进一步地认为道德哲学中的实验方法意味着当我们试图保存那些过去的价值(例如善)时,我们能够从中得到某些新的东西。通过这样的分析,杜威认为我们审慎的行为是由于反思性地选择的参与,因此,这种行为被我们看作是道德的行为。道德的生活永远都处于不停地适应和调整之中,但只要道德自我拥有了这种理智的习惯,就可以完全不用害怕面对变化,事实上,道德自我会发现只有在变化中,自我才能得到成长和更新。

　　杜威坚信如果道德自我是恰当地使用反思新的方法，那么传统的教育模式就必须被修正。因为在杜威看来，现在的教育似乎只是纠缠于一些琐屑之事中，而不能真正满足我们道德生活的需要，由此而造成的结果就是我们的政治和道德生活充斥着一些错误的价值。因此，我们的道德自我必须学会悬置判断，讲求证据，成为一个小心翼翼的怀疑主义者。杜威认为在关于社会变革的观念中，有两个学派的思想占据着统治地位。其一就是内省的心理学（introspective psychology），这个学派假定我们纯净的心理足以挽救社会。而另一个学派则认为正是由于坏的社会条件，人才成为其现在所是。因此，这两种观点一种要求改变社会就要先改变人心，另一种则坚持只有改变了社会才能改变人心。杜威则认为我们要将社会和自然情境当作一个整体来看，社会变革必须从有机体和环境的交互作用的角度进行理解。道德生活要求对其所处的环境进行某种程度的有效控制，而我们在社会领域中则明显缺乏一种对塑造我们的欲望和目的有效的科学方法，我们所依仗的依然是偶然和机遇。因此，杜威认为我们应该放弃我们之前的那些主张，转而发展一种理智地实践。从这种审慎地行动之中，我们发现了杜威所提倡的负责任地控制的观念，真正的道德哲学家是特定情境的管理者（administrator）。自我的性格在自我和环境交互作用的过程中形成。因此，如果道德是依赖于主体的情感的话，那么道德则注定是要失败的。一种负责任的道德生活必然是建立在环境中的积极因素之上的，因此我们永远都需要对那些可能带来好结果的情境保持注意。未来道德的成功必然是从对现在的信念开始，所以真正的教育就是要使学生认识到现存情境的真实情况。因为在杜威看来，如果没有知识的介入，享受（enjoyment）就不是一种价值而是大有问题的财货，只有当享受借由智能化的行动而以一种不同的形式出现时，它才变成价值。而"现实中有关价值的经验理论的根本麻烦就在于，它只是称述并将当今社会现实经验中把当下享受视为价值的东西正当化。如此一来,对这些享受进行规约(regulation)的问题全都被闪开了。但这个问题所牵涉到的正是对于经济、政治与宗教机构的有方向的重构。"①

民主过程的更新和转变是杜威著作的一个中心主题。杜威将进步看作是意义的增长,而退步则是意义的枯萎或者缺乏,并且这两种变化都同样出现在我们道德生活的过程中,因此,道德生活总是要么变得更好,要么变得更坏。因为我们的生活不存在任何静止的情景,因此,一个民主社会就具有这样几种特点:更新、成长、重建和转变。而一个民主社会的未来则取决于身处其中的人是否有勇气对其采取进一步的实验方法。在道德生活中所需要的那种对情境的控制,并不必然意味着将会导向一种外在权威。在杜威看来,这种控制事实上是在释放出一种新的可能性以及永无止尽的冒险过程。这同样也意味着自我的经验在本性上是开放的,而我们道德的生活也就永远处于一种危机和冒险之中。这个观点同样可以应用到民主社会的演进过程中,因为在民主社会中,"无拘束的理智是指导社会变革的方式"。② 在这种变革中,尽管会有种种的不愉快和冲突,但杜威相信,尽管存在着种种矛盾,但处于民主社会中的各种共同体的合作性探究行动依然是可行的,并且这种探究的行为将会使我们社会中形形色色的冲突得到控制,而这样一种受到控制的冲突自然是有利于民主社会的发展,并且这种民主社会的发展同样会推进道德自我的发展,因为从根本上说,共同体的善和自我的善是一致的。

在大多数的时候,杜威向我们指出了我们所面临的问题是什么,以及我们是如何遭遇这些问题的,但杜威除了向我们提供一种理智的方法论(或者说他的理智反思的排演方法)之外,并没有为

---

① LW. 4:207.

② LW. 11:41.

我们提供任何一种具体的意见和解决问题的方法。他主张要用一种理智的方法来对待社会变化，但是他也没有真正摆脱他所谓的理智和传统学院派的理性主义之间的关联，他并没有为我们详细解说什么是所谓的行动中的理智（intelligence-in-action），因为在杜威看来，这个需要依据我们行动的后果以及它们与我们所处情境之间的互动关系来检验。

　　总之，作为自由主义传统的承继者和内在批判者，杜威寻求重建一个不是建立在基础主义、本质主义和主体哲学上的新自由主义的可能。正如赵刚在《杜威对自由主义的批判和重建》一文中所说的那样"他[杜威]探讨真理，但是真理不再需要符映某种终极的真实；他追求价值，但价值不再有普同性基础；他企求解放，但是解放不再有任何必然性之保证；他认可多元异质，但此多元异质不应作为所有团结性的否定；他鼓励行动，但行动不当和有效之知识脱离；他肯定科学，但批判科学脱离于社会与道德生活；他拥护民主，但认为民主应当落实于日常的生活"。[①] 所以，在我们看来，杜威基于自我发展之上的更广泛的自由主义是一种抛弃了那种基于个人主义之上的新自由主义，这种自由主义是以自我的社会性为其根本属性和立足点的，因此，正如桑德尔（M. Sandel）所说，杜威对民主社会的信念以及他的自由主义乃是一种"共同体主义式的自由主义"，[②]桑德尔对杜威道德哲学和政治哲学的这种定性与我们在第三章中对杜威道德哲学从德性论的角度进行分析所得出的结论是一致的。这意味着在基于权利之上（rights-based）的政治自由主义和基于德性之上（virtue-based）的共同体主义之外，通过对

---

① 赵刚：《杜威对自由主义的批判和重建》，载自《学术思想评论》，2007 年 6 月。或者可以参看网络版：http://www. chinese-thought. org/zwsx/003860. htm。

② Michael Sandel: Dewey Rides Again, in *New York Review of Books* Vol. 43，No. 9：pp. 35 - 38. 1996.

杜威道德自我的研究，我们可以在这两种主张之外提出另外一种似乎不那么偏向一隅的主张，并且我们相信这种主张对我们理解我们当下所处的具体情境，对我们解决我们在现实中遇见的困难有其实际的意义。

在杜威看来，道德哲学在我们这个时代之所以还有意义，就在于"它必须不断地探究人类事务，并且探究道德。……当哲学不再成为处理哲学家们的问题的工具，而是成为一种由哲学家们所酝酿的、处理人的问题的方法时，哲学就使自身得到了复原。……这就是发展、形成和产生智慧的工具，它能够进步地指导道德探究进入当今时代和情境下的更深更广的人类道德的事实。"①这就是教育的作用，在杜威的眼中，这种教育本身就是一种相互交往的过程。只有通过这样一种教育，"道德自我"的成长和更新才能变成一个不间断的过程，自我的社会生活和共同体的延续才能成为可能。

最后的最后，如果我们在对杜威"道德自我"的分析中看到的是一种如何应对我们所处情境的一种态度和方法，并且在智识上真诚地认为这种态度和方法无论是对自我的成长，还是对社会的更新都具有积极的意义，那么，当我们反诸自身，反省我们自己民族的生存情境时，我们是否能够提出一种更好地应对我们置身所处的情境的方法或理论？

---

① MW. 10：46.

附录：杜威的生平及其著作

1859 年：10 月 20 日出生于伯灵顿（Burlington），佛蒙特州
　　　　（Vermont）；取名约翰·杜威（John Dewey）是为了纪念
　　　　其早夭的哥哥约翰·阿西巴德·杜威（John Archibald
　　　　Dewey）。同一年《物种起源》发表，杜威从小进公理会
　　　　教堂（Congregationalist Church）。

1872 年：杜威进入高中；在此期间学习过拉丁语和希腊语。杜威
　　　　在 1875 年进入佛蒙特大学学习，期间继续学习古典学；
　　　　阅读期刊中关于进化论的讨论。在大学三年级选上了
　　　　H. A. P. Torrey 的哲学课。

1879 年：杜威从佛蒙特大学毕业，并且在宾夕法尼亚州（P. A）的
　　　　石油城（Oil City）教授高中，主要课程有：拉丁语、数学
　　　　以及科学。期间发生过著名的"灵异事件"，即他所谓的
　　　　赐福的"神秘体验"。继续阅读哲学书籍，并在 1881 年寄
　　　　送第一篇文章给《思辨哲学期刊》（*The Journal of
　　　　Speculative Philosophy*）的主编 W. T. Harris。同年回
　　　　到靠近伯灵顿的一个小学校继续教书，在 1882 年发表了
　　　　第一篇文章。

1882 年：杜威成为霍普金斯大学哲学系的研究生。凡勃伦
　　　　（Thorstein Veblen）是其同学。跟从 C. S. Peirce 学习
　　　　逻辑学，跟从 G. Stanley Hall 学习心理学，跟从 George

Sylvester Morris 学习哲学，而 Morris 受英国观念论 Thomas Hill Green 的影响很深。杜威对绝对观念论的吸收更加英国化，而非是一种纯粹的黑格尔主义。毕业论文题目是《康德的心理学》(*Kant's Psychology*，现遗失)。杜威在其早期文章中发展出一种"心理学的观念论"(psychological idealism)。于 1884 年毕业。

1884 年：杜威受 Morris 推荐到安娜堡(Ann Arbor)的密歇根大学教授哲学，年薪 900 美金；在密歇根大学经常参加学生的教会活动以及第一公理会的教会活动。1886 年同 Alice Chipman 结婚。1887 年发表著作《心理学》，受到詹姆士(W. James)和 Hall 的批评。1888 年完成《莱布尼茨的人类理解新论》一书。

1888 年：杜威被明尼苏达大学聘用，年薪 2400 美金。杜威写了关于格林观念论哲学综述的文章。1889 年 Morris 去世后回到密歇根大学，并执教到 1894 年。1891 年米德(G. H. Mead)和洛伊德(A. H. Lloyd)加入密歇根大学，成为杜威的同事。杜威开始撰文从一种黑格尔哲学的角度来批判英国的观念论。在 1890 年阅读过詹姆士的《心理学》一书后，开始在课堂上讲授这本书，并着手修改自己的《心理学》一书。在 1891 年，杜威还发表了《伦理学大纲概要》(*Outlines of a Syllabus of Ethics*)；1894 年发表了《伦理学研究：一份纲要》(*The Study of Ethics：A Syllabus*)，强调习惯的作用，把自己的立场称为"实验主义的观念论"(experimental idealism)。

1894 年：杜威受聘成为芝加哥大学哲学系(包括心理学和教育学)的系主任，年薪 5000 美金。他聘用旧同事米德、洛伊德以及塔夫茨(Tufts)等人前来任教，具有一定影响力，以至于詹姆士将其称作"芝加哥学派"。杜威在教育和心理学上投入巨大的精力,其中包括芝大附属的"实验学校"。杜威开始用工具主义来讲关于伦理学和黑格尔逻辑学的课。广泛地参加社会活动,包括参与 Jane Addams 的"Hull House"活动,但却和教会划清界限,不再参加教会活动。1896 年发表《心理学中的反射弧概念》一文,1903 年发表《逻辑理论研究》,抛弃黑格尔主义,接受詹姆士的观点。皮尔士撰写书评批判《逻辑理论研究》一书中的心理学方法。1899 年发表《学校与社会》;1902 年发表《儿童和课程》;1904 年在 Alice 不再担任 Parker/Dewey 学校的负责人之后,杜威辞职去欧洲,期间他们的孩子 Gordon 死于爱尔兰。

1905 年:杜威到哥伦比亚大学任教,年薪 5000 美金。同系的同事有:Woodbridge、Bush、Montague、Beard(教授政治理论)和 Boas(教授人类学);杜威同时在"教师学校"(Teacher's College)任教。1905 年发表《直接经验主义的假设》(*The Postulate of Immediate Empiricism*);1908 年发表《伦理学》(*Ethics*);1910 年发表《哲学中达尔文的影响》(*The Influence of Darwin in Philosophy*);1916 年发表《关于实验主义逻辑的论文》(*Essays in experimental Logic*),《民主与教育》(*Democracy and Education*);在此期间,杜威开始为"新共和"杂志写评论,活跃于妇女投票权运动,支持美国参与第一次世界大战;为学术自由进行辩护,1919 年支持 New School 的社会研究计划;1920 年参加"美国公民自由联盟"(American Civil Liberties Union)。

1919 年:杜威开始远东之行,在日本和中国著名大学演讲,演讲的内容是基于 1920 年发表的《哲学的改造》(*Reconstruction in Philosophy*),在中国遇见了同样来演讲的罗素（Bertrand Russell）；为"新共和"写了很多关于中国的评论。

1921 年：返回哥伦比亚大学，遇见了艺术收藏家巴恩斯（Albert Barnes）；1922 年发表《人性与行为》（*Human Nature and Conduct*）；1925 年发表《经验与自然》（*Experience and Nature*），1929 年出了修订本。桑塔亚纳（Santayana）猛烈地批评了这本书。杜威活跃于"战争非法"（Outlawry of War）运动。1924 年访问土耳其并为其学校改革写报告；1926 年参观墨西哥；1927 年，Alice 去世；同年发表《公众及其问题》（*The Public and Its problems*）；支持社会主义者 Norman Thomas 竞争总统；1928 年参观苏联，杜威自称为"共产主义者"。1929 年发表《确定性的寻求》（*The Quest for Certainty*）；杜威七十大寿庆生；同年美国股票市场崩溃，引发"大萧条"。1930 年发表《个人主义：新的和旧的》（*Individualism：Old and New*）。杜威从左派的观点批评"新政"不够彻底；访问索邦大学，获得荣誉头衔，做了《道德中三种独立的价值》（*Three Independent Values in Morals*）的演讲。

1930 年：杜威从教职中退休；1931 年发表《哲学和文明》（*Philosophy and Civilization*）；1932 年发表新版的《伦理学》（*Ethics*）；1934 年《作为经验的艺术》（*Art as Experience*）；发表《一种共同的信仰》（*A Common Faith*）；同年去南非参加教育论坛；1935 发表《自由主义和社会行动》（*Liberalism and Social Action*）；杜威批评斯大林，因而被美国的左派称为"法西斯主义者"。1937 年到墨西哥主持委员会为托洛斯基辩护，并因此被美国的共产主义党称作"法西斯主义者"和"反动派的工具"。1938 年发表《经验和教育》(*Experience and Education*)，同年发表《逻辑：一种探究的理论》(*Logic：the theory of Inquiry*)；1939 年发表《评价理论》(*Theory of Valuation*)，反对实证主义和情感主义对价值的观点；同年才发表《自由和文化》(*Freedom and Culture*)，批评共产主义；同年杜威 80 大寿庆生；出版了文集《理智和现代世界：杜威的哲学》(*Intelligence and the Modern World：John Dewey's Philosophy*)。在珍珠港事件之后，反对美国参与第二次世界大战；1940 年为罗素在纽约城市大学的任命进行辩护；1946 年同 Roberta Grant 结婚，收养了两个加拿大儿童。1949 年发表《求知与所知》(*Knowing and Known*)，同年庆祝 90 岁大寿。1952 年 6 月 1 日去世。

1961 年：杜威研究中心成立。

主要参考文献

杜威著作：

[1] Dewey, John. *The Early Works*, *1882 ‑ 1898*. 5vols. Edited by Jo Ann Boydston. Carbondale: Southern Illinois University Press, 1969 ‑ 75.

[2] —— *The Middle Works*, *1899 ‑ 1924*. 15vols. Edited by Jo Ann Boydston. Carbondale: Southern Illinois University Press, 1976 ‑ 83.

[3] —— *The Later Works*, *1925 ‑ 1953*. 17vols. Edited by Jo Ann Boydston. Carbondale: Southern Illinois University Press, 1981 ‑ 90.

[4] —— *The Correspondence of John Dewey*, 1871 ‑ 1952, 3 vol. Carbondale: Southern Illinois University Press, 1999 ‑ 2004.

[5] —— *The Lecture of John Dewey*, *1892 ‑ 1903*, 4 vols. Carbondale: Southern Illinois University Press (will be published soon).

[6] Dewey, John, and Arthur F. Bentley. *John Dewey and Arthur F. Bentley: A Philosophical Correspondence*, *1932 ‑ 1951*. Edited by Sidney Ratner and Jules Altman. New Brunswick, N. J. : Rutgers University Press, 1964.

关于杜威的生平著作：

[7] Campbell, James. *Understanding John Dewey*, Chicago and La Salle, ILL. : Open Court Publishing Co. , 1995.

[8] Dykhuizen, George. *The Life and Mind of John Dewey*. Carbondale, ILL. : Southern Illinois University Press, 1973.

[9] Hook, Sidney. *John Dewey, An intellectual Portrait*. New York: the John Day Co. , 1939.

[10] Rockefeller, Steven C. *John Dewey, Religious Faith and Democratic Humanism*. New York: Columbia University Press, 1991.

[11] Tiles, J. E. *Dewey*. London: Routledge, 1988.

[12] Westbrook, Robert B. *John Dewey and American Society*. Ithaca and

London: Cornell University Press, 1991.

相关研究的英文著作：

[13] Alexander, Thomas: The Human Eros, in *Philosophy and the Reconstruction of Culture*, ed. by John Stuhr, Albany: State University of New York Press, 1993.

[14] —— *John Dewey's theory of Art*, *Experience*, *and Nature-the Horizons of Feeling*. State University of New York Press, 1987.

[15] Alexis de Tocqueville, *Democracy in America*, translated, Edited by Harvey C. [1] Mansfield and Delba Winthrop, Chicago: The University of Chicago Press, 2000

[16] Ayer, A. J.: *Language*, *Truth and Logic*, London: Victor Glance, 1936.

[15] —— *The Concept of a Person: and Other Essays*, London: Macmillan; New York: St. Martin's Press, 1963.

[17] Boisvert, Raymond: *Dewey's Metaphysics*. New York: Fordham University Press, 1988.

[18] —— *John Dewey: Rethinking Our Time*, Albany: State University of New York Press, 1998.

[19] Bullert, Gary. *The Politics of John Dewey*, Buffalo, NY: Prometheus Books, 1983.

[20] Burke, Edmund: *A Philosophical Enquiry into the Origin of our Ideas of the Sublime and Beautiful*. Edited by James T. Boulton. London: Routledge and Kegan Paul, 1958.

[21] Diggins, John Patrick: *the Promise of Pragmatism: Modernism and the Crisis of Knowledge and Authority*, Chicago: University of Chicago Press, 1994.

[22] Elder Abraham: *Ethical Theory and Social Change* New Brunswick: Transaction Publisher, 2001.

[23] Fott, David: *John Dewey: America's Philosopher of Democracy*. Rowman & Littlefield Publishers, Inc. 1998.

[24] Gavin, William: ed. *Context over Foundation: Dewey and Marx*. Sovietica Series, vol. 52. Dordrecht, Holland: D. Reidel, 1988.

[25] —— *In Dewey's Wake-Unfinished Work of Pragmatic Reconstruction*. Albany: State University of New York press, 2003.

[26] Hare, R. M.: *The Language of Morals*, Oxford: The Clarendon Press, 1952

[27] Hofstadter: *Anti-Intellectualism in American life*. New York: Alfred

Aknopf，1964.

[28] James，William *The Varieties of Religious Experience*：*A Study in Human Nature*. N. Y：Barnes &. Noble，2004.

[29] Lippmann，Walter：*The Phantom Public*，New York：Macmillan，1925.

[30] MacIntyre，Alasdair：*After Virtue*. 2d ed. Notre Dame，Ind. ：University of Notre Dame press，1984.

[31] McDermott，John J. ：*The Philosophy of John Dewey*，Vol. 1. New York：Capricorn Books，G. P. Putnam's Sons，1973.

[32] Moore，G. E. ：Principia Ethica，Cambridge：The Cambridge University Press，1903.

[33] Pappas，Gregory F. ：*John Dewey's Ethics*：*Democracy as Experience*. Bloomington &. Indianapolis：Indiana University Press，2008.

[34] Ross，W. D. ：*Foundations of Ethics*，Oxford：Oxford University Press，1939.

[35] Roth，Robert J. ：*John Dewey and Self-realization*. Prentice-hall，Inc，1962.

[36] Ryan，Alan. *John Dewey and the High Tide of American Liberalism*. New York and London：W. W. Norton and Co. ，1995.

[37] Stevenson，Charles L. ：*Ethics and Language*，New Haven：Yale University Press，1944.

[38] Thayer，H. S. *Meaning and Action*：*A Critical History of Pragmatism*，2d ed. Indianapolis：Hackett，1981.

[39] Welchman，Jennifer. *Dewey's Ethical thought*，Ithaca and London：Cornell University Press，1995.

[40] West，Cornel. *The American Evasion of Philosophy*：*A Genealogy of Pragmatism*. Madison：University of Wisconsin Press，1989.

英文论文：

[41] Alexander，Thomas：Richard Rorty and Dewey's Metaphysics of Experience. in *Southwest Philosophical Studies* 5(1980)：24 - 25.

[42] —— John Dewey and the Moral Imagination：Beyond Putnam and Rorty toward a Postmodern Ethics，in *Transactions of the Charles S. Peirce Society*，summer 1993，vol. XXIX，No. 3.

[43] Bernstein，Richard：Philosophy in The Conversation of Mankind，in *Review of Metaphysics* 33(1980)：745 - 75.

[44] Campbell，James：Rorty's Use of Dewey. in *Southern Journal of Philosophy* 22，1984：175 - 88.

[45] Hickman，Larry：*Theism and Naturalism in American Philosophy*：

An Overview

［46］Pagan，Nicholas O.：*Configuring the Moral Self*：*Aristotle and Dewey*，Springer Science and Business Media B. V. 2008.

［47］Sandel，Michael：Dewey Rides Again，in *New York Review of Books* Vol. 43，No. 9：p. 35 - 38. 1996.

［48］White Howard B. ：The Political Faith of John Dewey，in *The Journal of Politics*，Vol. 20，No. 2 1958，pp. 353 - 367.

［49］Frankel，charles，John Dewey's Social Philosophy，in *New Studies in the Philosophy of John Dewey*，edited by Steven M. Cahn，pp. 3 - 44. Hanover，N. H. ：University Press of New England，1977.

中文部分（书和论文）：

［50］［美］简·杜威：《杜威传》，［M］，单中惠编译，合肥：安徽教育出版社，1987。

［51］［美］理查德·舒斯特曼：《哲学实践—实用主义和哲学生活》，［M］，彭锋等译. 北京：北京大学出版社，2002.

［52］［美］罗伯特·塔利斯：《杜威》，［M］，彭国华译，北京：中华书局，2002.

［53］［美］海尔曼·J. 萨特康普编：《罗蒂和实用主义——哲学家对批评家的回应》，［M］，张国清译. 北京：商务印书馆，2003.

［54］［美］德雷克等，《批判的实在论论文集》，［M］，郑之骧译，北京：商务印书馆，1979.

［55］刘放桐：《实用主义述评》，［M］，天津：天津人民出版社，1983.

［56］涂纪亮《美国哲学史（全三卷）》［M］，北京：社会科学文献，2007 年 5 月第 1 版.

［57］俞吾金主编：《现代哲学：杜威、实用主义与现代哲学》，［M］. 北京：人民出版社，2007.

［58］王成兵主编：《一位真正的美国哲学家：美国学者论杜威》［M］. 北京：中国社会科学出版社.

［59］李常井：《杜威的伦理思想》，J. 台北："中央"研究院三民主义研究所专题选刊第 44 期，1987 年 5 月.

［60］孙有中：《美国精神的象征：杜威社会思想研究》［M］，上海：上海人民出版社，2002 年.

［60］汪堂家：《道德自我、道德情境与道德判断——试析杜威道德哲学的一个侧面》，J. 载自：《江苏社会科学》2005 年 5 月.

［61］赵刚：《杜威对自由主义的批判和重建》，载自《学术思想评论》，2007 年 6 月；或者可以看看网络版：http://www. chinese-thought. org/zwsx/003860. htm。

后　记

　　本书是我的博士论文，在此书即将付梓之际，首先感谢我已经过世的恩师汪堂家教授。甫一入学，汪师就对我的论文从选题、材料搜集和提纲的拟订给予了诸多具体而微的意见和建议；在我撰写和修改的过程中，又耐心地给予了我许多中肯的指导和修改意见。正是在汪师的指导和鼓励下，我才能鼓起勇气进入这个完全陌生的学术领域，克服重重困难，最终完成写作任务。惜乎我天资驽钝，汪师的许多教导和要求我都领悟有限，因而在很多方面都依旧未能达到他的期望，至今思来，依然令我深感愧疚。

　　按理说，博士论文的出版总是要经过一番修改才好，我也在毕业后的这几年胸怀此意，断断续续地进行文献的查阅和修改，在无数遍的头脑预演之中，这篇旧作从思路到行文都越来越不能让人满意，计划中的小修小补在笔记中也即将要变成翻新重建，这不禁让我惊恐万分，索性将其复旧如初，以纪念自己在无知和困惑中度过的十年求学生涯，更以此深切地怀念我的导师汪堂家教授！

张奇峰

2016.4.23

图书在版编目(CIP)数据

以"道德自我"概念为核心的杜威道德哲学研究/张奇峰著.
—上海:上海三联书店,2017.9
ISBN 978-7-5426-5773-2

Ⅰ.①以… Ⅱ.①张… Ⅲ.①杜威(Dewey,John 1859—
1952)-伦理学-研究 Ⅳ.①B712.51

中国版本图书馆 CIP 数据核字(2016)第 296519 号

以"道德自我"概念为核心的杜威道德哲学研究

著   者 / 张奇峰

责任编辑 / 陈启甸   朱静蔚
装帧设计 / 汪要军
监   制 / 姚   军
责任校对 / 林佳依

出版发行 / 上海三联书店
         (201199)中国上海市都市路 4855 号 2 座 10 楼
邮购电话 / 021-22895557
印   刷 / 上海盛通时代印刷有限公司

版   次 / 2017 年 9 月第 1 版
印   次 / 2017 年 9 月第 1 次印刷
开   本 / 890×1240   1/32
字   数 / 140 千字
印   张 / 5
书   号 / ISBN 978-7-5426-5773-2/B·502
定   价 / 38.00 元

敬启读者,如发现本书有印装质量问题,请与印刷厂联系 021-37910000